▲ 笑面马（见第6页图1.2）

螺旋形可以表达运动过程中的体验（见第13页图2.4）▼

▲ 圆圈可以表达有关“界限”的体验（见第14页图2.5）

鱼（见第18页图2.9）▼

▲ 绘画中的莎拉（见第24页图2.15）

带着礼物的圣诞老人（见第27页图2.17）▼

▲ 教堂一样大的猫（见第28页图2.18）

狐狸的故事（见第30页图3.1）▼

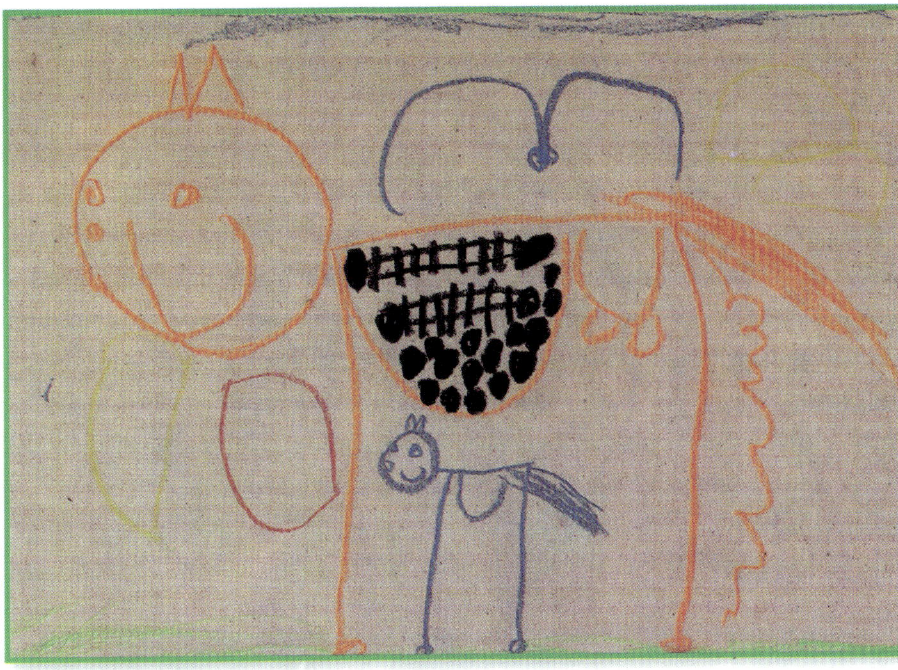

▲ 肚子里装有石头的马（见第34页图3.3）

拉肚子的马（见第35页图3.4）▼

▲ 彩虹画（见第36页图3.5）

后腿很粗的马（见第51页图7.2）▼

▲ “我们讲和吧！”（见第 54 页图 7.3）

“我们和好吧！”（见第 55 页图 7.4）▼

▲ 僵硬机械的画（见第57页图7.5）

生动活泼的画（见第58页图7.6）▼

▲ 友谊（见第63页图8.1）

大船（见第68页图8.2）▼

▲ 老师罗泽（见第69页图8.3）

学校（见第70页图8.4）▼

▲ 受伤的蛇（见第74页图8.6）

没有手臂的弟弟（见第79页图9.1）▼

▲ 妈妈、妹妹和缇娜（见第81页图9.2）

妈妈闭眼创作的画（见第100页图10.2）▼

▲ 孩子闭眼创作的画（见第104页图10.4）

送给父亲的画（见第105页图10.5）▼

▲ 释放和告别（见第110页图10.6）

妈妈和女儿（见第116页图11.1）▼

孩子的画告诉我们什么
——儿童画与儿童心理解读

Was kinderbilder uns erzählen
Kinder setzen Zeichen
Gemaltes sehen und verstehen

[德] 罗泽 · 弗莱克-班格尔特（Rose Fleck-Bangert）/ 著
程 巍 许玉梅 / 译

北京师范大学出版集团
BEIJING NORMAL UNIVERSITY PUBLISHING GROUP
北京师范大学出版社

北京市版权局著作权合同登记章 图字：01－2007－4270

图书在版编目(CIP)数据

孩子的画告诉我们什么：儿童画与儿童心理解读/(德)弗莱克-班格尔特(Fleck-Bangert, R.)著；程巍，许玉梅译．—北京：北京师范大学出版社，2010.4（2024.6 重印）

ISBN 978-7-303-10773-5

Ⅰ.①孩… Ⅱ.①弗…②程…③许… Ⅲ.①儿童画—研究②儿童心理学—研究 Ⅳ.①J219②B844.1

中国版本图书馆 CIP 数据核字（2010）第 014513 号

图书意见反馈： gaozhifk@bnupg.com 010-58805079

营销中心电话：010-58802181 58805532

编 辑 部 电 话：010-58808898

出版发行：北京师范大学出版社 www.bnupg.com

北京市西城区新街口外大街 12-3 号

邮政编码：100088

印　　刷：唐山玺诚印务有限公司

经　　销：全国新华书店

开　　本：730mm×980mm 1/16

印　　张：9

插　　页：8

字　　数：102 千字

版　　次：2010 年 4 月第 1 版

印　　次：2024 年 6 月第 15 次印刷

定　　价：24.00 元

策划编辑：张丽娟　　责任编辑：胡　苗

美术编辑：李葆芬　　装帧设计：包　丹

责任校对：张春燕　　责任印制：陈　涛　赵　龙

献 给 莎 拉

前 言

我是在火车上带着极大的热情看完这本书的。确实，如今有很多关于儿童画的图书。但其中的大多数主要目的在于阐述儿童作画的现象和表现形式，分析儿童画画的发展阶段以及风格特点——当然，这些都是非常有趣而且格外值得我们注意的事实。只有个别的著作把图画与儿童个体联系在一起。但是很少有人能够解释清楚孩子们的画是多么重要的鲜活档案，它们是怎样表达孩子们在内心世界和外部环境中的经历的，这些画有着什么样的逃避和影射现实的作用，它们怎样描述梦境、恐惧、愿望与和谐的状态，它们怎样通过可见的东西向我们传达各种各样的意义。

绘画是孩子们的印记。

孩子们在作画的时候会留下印记①，同时他们也留下了思想的记号。在这种情况下，我们还要用上“展示”这个词。

孩子们向我们展示着自己，同时也展示着他们的世界观，以及他们对关系与关联的看法。对于那些能够理解图画语言的人来说，人与人之间的种种关联、幸福与痛苦、快乐与悲伤，都在孩子们的画中跃然纸上。

在这里，我们看到的并不总是那些画在A4纸上的“漂亮的”儿童画。相反，往往是那些孩子们用手边任意的工具，画在废纸上、日历上或者记事本上，画在被扔掉的包装纸上，或者碎纸片上

---

① 德语中，绘画（zeichnen）这个词就是“印记”（Zeichen）的动词（译者注）。

的画，承载着重要的信息。这本书提醒我们敏感地对待这些原本极易被忽视的“作品”。罗泽·弗莱克-班格尔特成功地将孩子们的图画融入他们的生活环境和关系情境之中。她用超乎常人的敏感观察力，用充满爱意和理解力的视角描述了孩子们所处的状态和父母的想法，描述了父母通过深入地观察儿童画而对孩子产生的新的理解，以及他们基于这种新的理解而采取的行为变化。

这本书中蕴涵着令人动容的博爱精神和让人信服的专业知识，这些都使书中的讲述极具说服力。

文如其人，这本书的风格正如我认识的罗泽·弗莱克-班格尔特本人，正如她的为人，她的理想化追求，她与孩子、与家长和与学生相处时候的敏感与体贴。难怪与她共事的人都相互坦诚而信任。这种互信关系不会因为在分析儿童画的过程中进行明确的判断与分析而受到影响。

我坚信，每一个阅读了此书的人，都将以新的态度对待孩子们的画，并且重新审视自己的行为。

亲爱的罗泽·弗莱克-班格尔特，感谢你为我们奉献了这样一本书。许多孩子、家长以及与孩子打交道的人都将从中受益。

慕尼黑绘画艺术研究院艺术教育与艺术护理教授

鲁道夫·赛茨（Rudolf Seitz）

作者序

本书记录了我作为母亲、教育者、艺术和造型治疗师的经历。在书中，我尝试向那些对儿童画感兴趣的父母以及教育、咨询和医疗工作者介绍儿童画及其本质。我写这本书的目的是告诉成人如何理解儿童画的背景，如何弄清那些让人费解的表达方式和隐藏在画中的含义，并说明孩子们画画的动机和意图。

本书的重点在于描述和说明孩子们的即兴“作品”以及产生这些画的背景。孩子们的画来自不同的情境，本书主要讲述幼儿园阶段的孩子的状况，同时也有稍大或者稍小的孩子。书中提到了很多例子，包括健康的、心理不健全的、身体残疾的孩子，冲动的、沉默的、冷静的、内向的孩子，也包括经历过父母离异、与兄弟姐妹闹过矛盾，甚至与死亡擦肩而过的孩子。

在书中，孩子们的画向我们传达了他们那个五彩缤纷的世界以及他们思想王国的种种现象，这些画可以被当做交流的手段，也可以架起成人和孩子之间沟通的桥梁。有几幅画是妈妈们画的，她们想要重拾画笔，重新发现自己的“童心”，更多地了解自己的孩子和他们的图画语言。在这种情况下图画可以被用做教育手段。

这本书以简单易懂的方式向读者介绍源于生活的经验和理解方法；通过对图画的阐释，告诉读者如何将这些方法运用在家庭、幼儿园、学校、教育咨询、医疗卫生教育以及治疗的实践中。这些与儿童画打交道的实践活动可以为我们进一步研究儿童的表达能力、儿童绘画的发展阶段以及发现不同的理解视角打下坚实的基础。

本书不是对儿童画做泛泛的研究，而是从几个方面对应该如何与儿童交流进行探讨，尤其是那些迄今为止在相关文献中未受重视的问题。这本书是在与儿童、家长、教育工作者进行实际接触的过程中产生的，读者可以把它看做具有教育性、指导性和治疗实践性的辅导用书。虽然书中对成人提出了一些建议，但它并不是“工具书”。我提出这些建议只是为了告诉成人如何用生动的方法指导孩子们画画，以便更好地与他们交流；同时也为了让成人更加理解和尊重儿童。书中有很多对图画的解读，读者可以把这些解读看做一种思考方法，也可以看成作者与你们在思想上的对话。

即兴的图片和绘画——我把这两个概念简单地看做同义词——可能出现在所有孩子们逗留过的地方或者孩子们可以自由活动的地方。绘画的内容就是围绕着他们当时的活动展开的，没有评价、成绩和分数的压力。孩子们的表达是完全自主的，这通常表现在他们使用的绘画工具上：一张从笔记本上撕下的纸，作业本的某一页，正在使用的日历纸，四处散落的笔。这些东西本来不是用来画画的，但都可以满足他们画画的需求。这本书中所介绍的儿童画大多具有这种自主性。由于孩子们通常会在自己的画里下意识地留下无声的评论——这已经是一条不成文的“定律”，因此，我不由自主地开始了儿童画的研究。现在，我更进一步从孩子们的画拓展开去，用一种自省的方式看待成人的行为。我从不在孩子们画画的纸上写字，即使必须要写也只写在画纸的背面。

慕尼黑绘画艺术研究院艺术教育和艺术护理教授鲁道夫·赛茨在他的书《和孩子们画画》中这样写道：“在使用绘画语言方面，儿童胜过我们成人，因为他们总是接近事物的本质，总是从本质上而不是从表面上去看待它们。”赛茨的思想对我产生了很大的影响，他给了我勇气，使我与这些图画及其“作者”打交道，并在此基础上出版此书。

我衷心地感谢库泽尔出版社审校部的达格玛尔·奥措格（Dagmar Olzog）、米歇埃尔·库尔特（Michael Kurth）和西尔克·赖尔特（Silke Reith），正是由于他们对我的研究成果的兴趣和无私的支持，这本书才得以出版。同样，我还要感谢我的家人，在我每天数小时伏案写作的过程中，我一直很惦念你们。我想对我的丈夫、我的朋友和同事们说：谢谢你们对我的支持！尤其感谢克里斯多夫·绍彭夫（Christofer Schopf）、莫尼卡·布罗伊（Monika Breu）和安东·胡贝尔（Anton Huber）的校正，安德烈亚斯·魏克曼（Andreas Weickhmann）的电脑处理。另外，我想特别感谢那些同意我公开出版他们作品的孩子、母亲和教育工作者们，在我们见面和交谈的过程中，他们给予我无尽的信任（为了保护他们的隐私，本书中使用的是化名）。没有大家的支持，这本书将无法成形。

在我研究儿童画的过程中，有一位特殊的“老师”，她就是我的女儿——现在13岁的莎拉。她把自己的一些画供我使用。谨以此书献给她。

我大约在25年前受到儿童画的启示。当时我正陪同一个儿童团进行假期旅行，团里的孩子来自柏林一家以心理分析指导为特色的幼儿园。“画啊，你也画点什么！”这群4～6岁的孩子这样催促我，他们还把自己的画作为礼物送给我。

我是多么羡慕这些孩子们啊，他们这么自由，可以不受任何约束地把自己想要表达的东西画到纸上。他们画下了与父母和兄弟姐妹一起去巴伐利亚森林旅行的过程，画下了度假村周围圈养的、他们最喜欢的那些家畜……

孩子们的能力给我留下了很深的印象。他们将离家的恐惧画进了画中，然后又一起想办法赶走恐惧。比如，在度假村隔壁的房顶上有个巨大的杉树梢，每到傍晚孩子们入睡前，它就会变成一个“鬼影”，在夜风中四处摇曳。这让马丁极其害怕，也让其他孩子无心睡眠。第二天，这件可怕的事情就出现在马丁的画中，其他的孩子看到画以后，都大笑着、尖叫着讨论如何狠狠地折磨这个“恶魔”，怎样把这个令人毛骨悚然的“树魔”永远赶走。然后呢？哦，然后出现了一个奇迹：那天入夜后，树还是树，它一直陪伴着孩子们直到假期结束，双方相安无事。

“你为什么不画画呢？”孩子们一再催促我，要我自己去拿颜料。我不想出丑！“试一试嘛，你可以用我的新画笔……”过了一阵子，我试着画出了第一个小东西，一个很小的图案。我的第一个感觉是心里没底。“你能把它送给我吗?”“我也想要一个!”“我也是……”

就这样，在我第一次画画之后许多年，我开始了和度假中的孩子们一起画画，虽然我手中连画笔都没有，但我还是开始了自己人生中第二次“绘画尝试”。第一次尝试是在我的幼年时期，可惜失败了。我因为承受着被责备、评价、打分的压力以及受到控制性的干涉而丧失了继续画画的勇气。

作为一个成人，由于受到孩子们的鼓励，我现在又可以体会到与色彩和画纸接触是多么让人激动、让人放松的事情！也可以体会到画画的过程是多么地充满乐趣！同时，我也再次领悟到，简单的画画就可以将日常生活中的琐事、杂事、烦心事一扫而光。在画画的初期，我发现盲目涂鸦也包含了很多无意中塑造出来的、有序的结构。曼陀罗风格的图案帮助我找到了“核心”：当我紧张兴奋或者无法集中注意力的时候，它们会帮我找回注意力和内心的平静。在我的速写中，你可以看到我郁积的情绪或者我所做噩梦的影子。如果你的身边没有倾诉对象、没有朋友、没有值得信赖的人，那么你可以画一张大面积的彩色画，这会帮助你发泄情绪。这样的图画都是即兴发挥出来的，它们不会遭到任何指责，只是表达当时的一种感觉和心情。自从我找回“绘画”这种表达方式之后，我学会了用自己的方式发泄身心的负担，而此前，我备受这些沉重负担的“折磨”，找不到发泄的途径。所有这些都促使我进一步研究图画——不管是别人的，还是自己的。

在我从事艺术和造型治疗期间，我还发现了通过图画这个媒介和孩子及其父母打交道的方法。在这个过程中我不断地碰到各种各样的作品，这些作品表达了孩子们的内心、想象力、幻想或下意识：它们或丰富，或有趣，或恐怖，或有力，或生动，或有益。

您眼前的这本书介绍的就是这方面的经验。

罗泽·弗莱克-班格尔特

目　录

第一部分　孩子们和他们的画

第二部分　关于儿童画的理解

第三部分　孩子们的印记

——十二幅画的故事

第一部分

孩子们和他们的画

在人们真正弄懂一件事情之前，通常要看过几百次甚至几千次。

——克里斯蒂安·摩根斯坦
(Christian Morgenstern)

1 如果仙鹤长了两只耳朵

——儿童表达意思的角度

孩子们的印记每天都有新变化，一再地变，语言的、身体的、造型的、图画的……你是否愿意深入地了解其中的某些画呢？你是否愿意拿出时间来研究孩子们的这些超然于语言和理性思维之外的“象形文字”呢？

动作——孩子们的第一次表达

孩子的第一次表达是动作。婴儿的倾诉方式通常是，双脚乱动，又蹬又踢，两只胳膊不断摆动，身体来回转。他们的面部表情也不受控制地不断改变。不久，他开始独立转动肚子和后背。这个时候，他们的动作经常是滚来滚去，他们会咿咿呀呀地说个不停，会咯咯地尖叫和欢笑。这个阶段他们表达的主要内容是高兴、惬意或者是不满。饿了的时候，他们会大声叫；当他们吃饱了或者不想与人接触的时候，就会把脑袋扭到一边。

舒服的或者不舒服的感觉都被转化成某种动作或声音，而这些动作和声音是对外面世界的一种反应。然后他们开始接触人和事物。开始时，他们要“全方位地学习”：他们会亲身体验，并通过尝、闻、触、抓、摸、握、听、发声、模仿、表演、反应等感受周围的环境。

之后孩子就会匍匐前行、爬、直立和跑了。他总是不停地用好奇的双眼打量着周围的一切，并逐渐扩大自己的“势力范围”。他不断地接触可以接触到的一切，是一个行动派。

几乎和语言的发展同步，孩子的身体发展也很快，他逐渐可以拿起笔、使用笔了。通过有节奏的运动、敲打式的运动、锯齿形的轨迹或者画圆，孩子留下了自己的第一个笔迹。当手和眼睛可以互相配合之后，一种新的表达方式——绘画便产生了。

是孩子的艺术还是被隐藏的事实

沃尔夫冈·格吕齐格尔（Wolfgang Grözinger）在《孩子们的涂鸦、素描和绘画》这本书中，对成人们的一些表现进行了分析。很多成年人面对孩子的乱写乱画表现得“惊慌失措”。他们会对孩子的画进行更正、指责和劝导，有时候也会亲自示范什么是“正确”的画。他们根本不给孩子表达自己的机会，每次都不想看到真正的孩子的画。此外，格吕齐格尔还提到了，只有一小部分家长与此相反，他们允许孩子“自由发展艺术”，但他们也很少关心孩子们的心理成长。

每一个进行儿童画研究的人，都会经常遇到有上述这两种表现的成年人。

正是出于这个原因，我在从事成人咨询工作的过程中，总是提醒他们要亲自画画。通过自己画画，成年人可以明白，儿童画的美及其意义与我们一般意义上的艺术的美是不同的。儿童画的美表达了他们的健康、生命力、强健、柔软、内在以及生动。这一点与儿童的心理和身体发展紧密相关，而这种发展是一个有生活能力的、完整的人的前提。

快乐是驱动力。格吕齐格尔指出，当孩子们快乐的视线掠过他们的观察对象时，他们会感觉那可见的世界就活在自己身边，他们会用心编织这个世界，用更加深层和更加亲密的关系去感受和体会这个世界。反之，大人们却往往趋向于强迫或者引诱孩子们进行观察。

格吕齐格尔之所以写了上面提到的这本书，就是因为没有任何一个成年人可以告诉他，为什么天使看起来像刺猬，为什么仙鹤长了两只耳朵。

奇妙的现象

在我的研究过程中，幼儿园的孩子不断地给我惊喜，他们会画出一只完整的、无忧无虑的、有自我意识的玫瑰色的小象，蓝色的屋顶，长着尖耳朵的鸟（见图 1.1）以及笑面马（见图 1.2），这些都给我留下了深刻印象。

图 **1.1** 小象、房子和尖耳朵鸟

龙像老鼠那样大，而旁边站着的猫则像长颈鹿一样大；房子没有“前脸”，可以清楚地看到房屋“深处”；婴儿生活在妈妈透明的肚子里，甚至还穿着衣服（见图 1.1）。所有这些在他们眼里都是

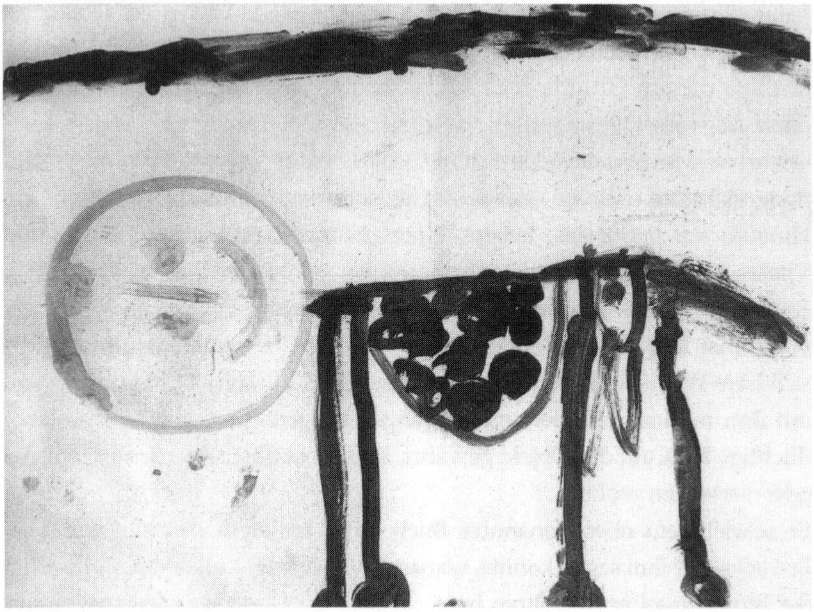

图 1.2　笑面马

可以的，他们认为这些现象是理所当然的。

在我最初从事教育工作时，这些作品就给我带来了灵感，并且激发了我至今不曾减弱的浓厚兴趣。

在我们这个时代，大多数人都追求快节奏、高效率和适应力。很多人是功利主义者，理性思想和行为被看得极为重要。当面对奇妙而大胆的现象时，很多人却不知所措起来。以我的经验看来，这种“大胆的行为”是值得提倡的。孩子们的图画给了我一把打开儿童生活世界的钥匙，此前，我对这个世界一无所知。和我一样，在欣赏和研究儿童图画的过程中，您也有可能会发现一个深藏已久的新世界，甚至可能是一个您自己的内心世界。

您愿意陪我一起踏上旅途吗？这次旅途可以帮我们发现孩子们经历的世界。请注意，那里的规则和我们成人世界所谓的“有秩序的”规则完全不同。孩子们的世界是一个充满了乐趣、斑斓多姿的、很有创造力的地方；而在我们的世界里，除了这些，还有不安、恐惧、愤怒、悲伤和苛求同时存在。很显然，当我们情绪低落时，前者的积极作用更大。

通过对儿童图画的研究，我发现了感知和了解儿童信息的新渠道。这些信息表明了孩子们当前的状况、特别的愿望和眼前的矛盾冲突；通过这些信息，我们还可以了解孩子们的生活经历。另外，孩子们的图画还向我展示了他们的表达能力，因为突然有很多不同于一般性解释的内容通过图片表达出来，而此前我们还未曾找到了解这些内容的方法。

孩子们头脑中那些像密码似的信息跃然纸上，抽象的内容在他们的画中变成了具体的形象，这个过程很神秘，也很奇特。我一直在努力探求孩子们作画的发展过程，也尝试向他们学习。在这个过程中我学会了理解“笑面马”、长着耳朵的仙鹤、孕妇妈妈透明的肚子，还有保护一只迷路小猫的彩虹，而这只猫很有可能已成为猎人的牺牲品。

就这样，我学会了深入浅出地表达事物，并学会了看清各种冲突的本质。

2 天使看起来像刺猬

——儿童绘画发展的基本特点

尽管每个孩子都是以自己的方式发展的，而且他们的表达能力与其个性相对应，但是在一般情况下，仍然有一些适用于每个孩子绘画发展的基本特点。在这方面我们应该注意的是，儿童绘画能力的发展不是直线形的，也没有固定的标准，而是跳跃的、各不相同的。在形状和色彩表达的发展过程中，会出现飞跃阶段，也会有推迟和滞后的时候，有时他们的水平甚至会倒退至初级阶段（见图 2.1）。

图 **2.1** 初级阶段的儿童画

涂鸦的意义

涂鸦是所有绘画语言的基础。绘画语言的发展类似于口语，有自己的规律，内部逻辑极其严密。赛茨认为，人类的“原始冲动”的表达方式分为两种：一种方式是文字表达；另一种方式是通过绘画表达出来，即将内心经历可视化。

苏黎世创造性培养处绘画工作室及培训事务负责人贝蒂娜·埃格尔（Bettina Egger）将绘画发展过程中涂鸦的意义比做语言发展过程中口齿不清的说话阶段，并认为涂鸦的阶段是绝对必需的。

格吕齐克尔把涂鸦形象地比做“奶牙”，我们对它们呵护备至，因为它们是我们长好全副牙齿的前提。其实在这些看似杂乱无章的涂鸦中已经产生了儿童日后画画的基本形状，也正是在此基础上才会产生第一张像样的儿童画。

我们在大约1岁半的儿童那里会发现涂鸦的原型。这会发展成无造型的基本形状，借助于这个基础，孩子们以后画画就会得心应手。

通常情况下，孩子们涂鸦会得到父母和老师的支持。出于这个原因，我想通过我女儿的“原始画”来说明儿童绘画发展过程中的这个重要阶段。在本书中我主要想从心理和情感的角度来谈绘画现象。作为一个一直陪伴着女儿的母亲，我本人经历了深入的学习过程。在这个过程中，海伦·巴赫曼（Helen J. Bachmann）的理论一直指引着我。巴赫曼女士做苏黎世一家绘画工作室的负责人已有数年之久，她在《作为人生足迹的绘画》这本书中记录了自己的经历。在书中，她将儿童早期的个性发展与以后绘画的发展联系起来。巴赫曼的理论依据是玛格丽特·马勒（Margret Mahler）及其同事在发展心理学方面的研究结果。巴赫曼的思维模式影响了我对图画中出现的原型的看法。

用一个图表就可以说明她看问题的方法，同时可以引起我们对儿童成长过程的思考。图 2.2 展示了儿童在表达方面的发展过程，以及我们应该怎样观察他们的“自由创作”。

图 **2.2**　不同年龄段儿童绘画发展的过程

儿童的心理形成

马勒尔认为，人的生理发展和心理发展并不同步。前者是一个戏剧性的、可见的、清晰的过程，而后者则是一个缓慢发展的内在心理过程，即脱离的过程和个性形成的过程。“脱离过程”是指儿童从与母亲的亲密无间的关系中逐渐独立出来；“个性形成过程”是指内心的发展，通过这种发展我们可以看出儿童独特的个性。这是两个互补的发展过程。第二个过程也被称为“破茧而出”的过程，因为这个过程始于“共生阶段”，后来才逐步过渡为心理的发展过程。

马丁·道纳斯（Martin Dornas）是位于美茵河畔的法兰克福西格蒙德·弗洛伊德研究所（Sigmund Freud-Institut）的讲师。他认为，婴儿实际开始心理发展过程的时间比马勒尔所说的要早，也就是说，他们的一些能力发展得更早。比如，能够更早地感知环境和环境的变化，能够更早地与外界互动，能够更早地和母亲拉开距离并完成“破茧而出”的过程。

巴赫曼在她的绘画工作室中从艺术创造的层面上研究了画画儿童“破茧而出”的过程。她发现，孩子们第一次涂鸦的时候就已经开始表达很多内容了，有时候是表达当时的身心状态，有时候是对过去的回忆——出生之前、婴儿时期，或者幼儿时期的回忆。埃格尔也有类似的观察结果。她认为，对于2～4岁的绘画儿童来说，回忆过去在他们的表达内容中占有重要位置。

回忆过去和了解现在——这两个方面都体现在我女儿莎拉的画中。她的图画出现了典型的涂鸦和一些原始形状，而这些恰恰代表了这个年龄段大多数健康的孩子想要表达的东西。

无造型阶段绘画的发展步骤

首先我要介绍几幅涂鸦作品，并把它们和巴赫曼、埃格尔以及马勒尔的研究成果结合起来。

巴赫曼认为：“涂鸦就是指毫无目的地画曲线，笔不离画纸进行螺旋状的旋转；涂鸦就是指将笔来回挥动：水平的，垂直的，不断交叉的、重叠的或者画圈圈；涂鸦也可以指把直线蜿蜒、缠绕或画出Z字形；当然，我们也可以把涂鸦定义为小点或小横线，或者用画笔表现出的简短而有韵律的运动。”

而在埃格尔看来，一个约2岁孩子的涂鸦——或者说，一团乱麻的画——可以表达其在婴儿时期的身体感应，那个时候他应该还没有“界限”的观念，也不会有方向感。他刚刚在妈妈肚子里出现的时候，应该是与周围环境混为一团的（见图 2.1）。

莎拉在刚刚开始画画时，还无法控制自己所画的内容，也不知道自己要画什么。过了一段时间之后，她的动作越来越灵活，可以自如地决定自己要画的形状。她开始体会到了那种“创作自如”的感觉。于是她的画纸上充满了纵横交叉的、密密麻麻的图形，还有在垂直和水平方向上交叉在一起的上升线条和下降线条。

> “当一个孩子转动、摇摆画笔或者画细线的时候，他是在诠释自己的经历……小孩子只是刚刚开始他的人生旅程。产前时期、出生、新生儿时期对于他们来说都是刚刚发生不久的事情。因此可以说，孩子们初期的画与其新生阶段的经历有着千丝万缕的联系。”（巴赫曼）

2～3 岁的儿童对于画画过程中界限和方向的区分与其婴儿时期的发展密切相关，这导致了他们开始与妈妈拉开距离。

在莎拉的图画中也逐渐出现了“方向”和“界限”的概念。她在画纸的四个角上都画上了特殊的小符号——她称之为“哞哞奶牛叫”，并用线条将这些特殊符号连接起来。莎拉第一次在儿童游乐场玩了滑梯之后，她的画中出现了一些表示“滑梯”的线条；在刺激的下滑过程中产生的那种身体上的享受被她在画中清楚地表达了出来（见图 2.3）。

螺旋线也可以表达儿童在运动过程中的新体验。因为螺旋线有起始和终结，其旋转方向也有一定规律，而这些很明显都是由画画的孩子自己决定的（见图 2.4）。

说到这里我想起了蜗牛的例子：蜗牛和它的壳紧紧相连，它小心翼翼地感知世界，一旦发现有危险就立刻钻回壳中。6 个月左右的孩子也开始了他第一次新奇的尝试，他试图“摆脱”在母亲“束缚”之下的那个体验已久的、与自己紧密交织的世界；他想要自己

图 2.3　玩滑梯之后的画

图 2.4　螺旋形可以表达运动过程中的体验

去进行无语言的、感知性的“出游”，他会试着去“研究”对面的人的鼻子、耳朵、头发、眼睛或者眼镜。

他们会用圆圈来表达自己有关“界限”的体验，因为圈有“内”“外”之分，被圈起来的部分是从无尽的世界中挑选出来的与自己经历有关的内容（见图 2.5）。

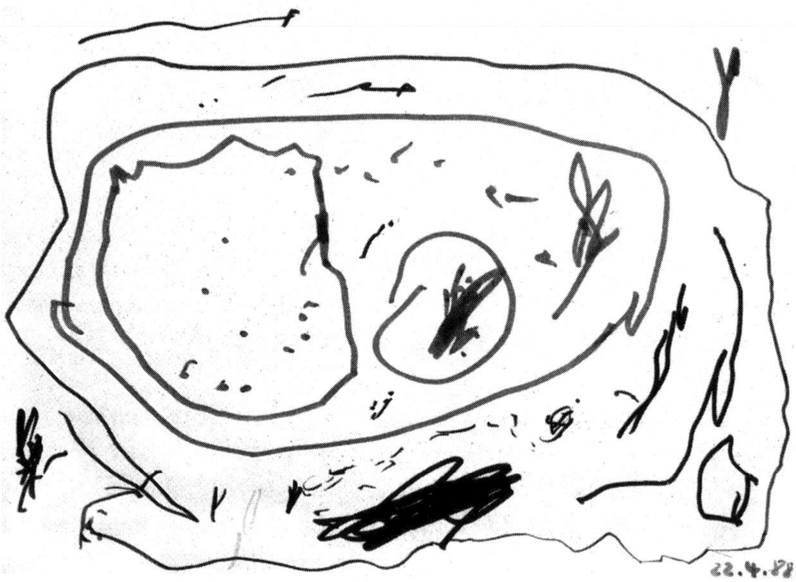

图 **2.5** 圆圈可以表达有关“界限”的体验

“我是我，你是你”是莎拉在大约 3 岁时说的一句话。在这个阶段，她总是重复这句话，有时候是好玩，有时候却很严肃、很坚定。她希望这种说法能够得到证实，就像她早期想要加深对于界限和区别的概念一样。当我肯定了她的说法，并且回答“是的，你是你，我是我”时，她的世界好像一下子乱了套。她开始恐慌，并要求澄清：“不！我是我，你是你！”当我说完“你是对的”这句话之后她的世界才回归正常。

埃格尔指出，年幼的孩子在妈妈的帮助下第一次成功地体验了“界限”这个概念之后，很有可能受到激励，并不断有新发现。这时孩子已经意识到自己和妈妈并非一人，但是彼此关系密切。在这个阶段，身体感觉是孩子的中心，而这个中心将在孩子以后的涂鸦过程中发挥重要作用。

巴赫曼分析了3岁孩子的图画，认为那些早期的身体感觉会反映在他们的作品中："……孩子们通过这些能力，会画出一个圆，有时候还会有一个圆心，说明他已经找到了一种整体的自我感觉。"（见图2.6）

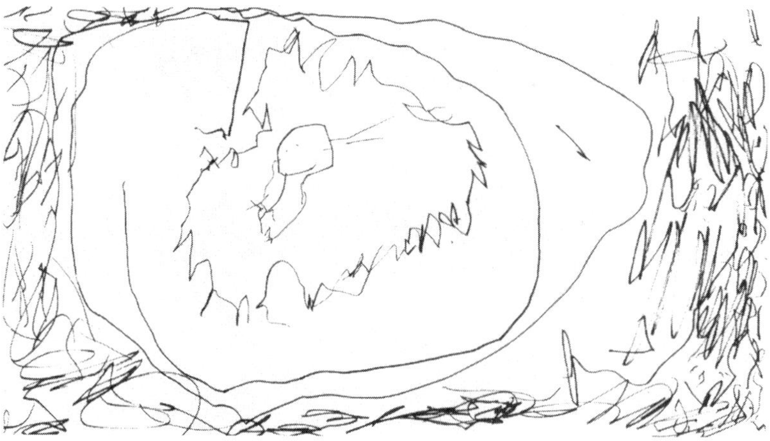

图 **2.6** 带有圆心的画

埃格尔提到了年幼的孩子最主要的经历，即感知自己的界限。妈妈成了"别人"（即"客体"），孩子们通过蹒跚学步或爬上爬下等行动远离妈妈，但是他们也会不断试图再接近她。从现象学的角度来看，这个发展阶段是通过孩子以后的自由直立行走表现出来的。孩子学会走路之后，会不懈地尝试，新奇地打量，积极地处理，不断地练习理解周围的环境。

之后，大约3岁半的时候，孩子们在绘画过程中似乎使这个阶段重生了，在他们的画中出现了轴（直立/脊柱）和所谓的"原始的圆形"，借此来进一步表达和巩固他们在早期所发展的空间上的方向感，包括垂直和水平、上和下、左和右的感觉。莎拉也选择了这种表达形式（见图2.7）。

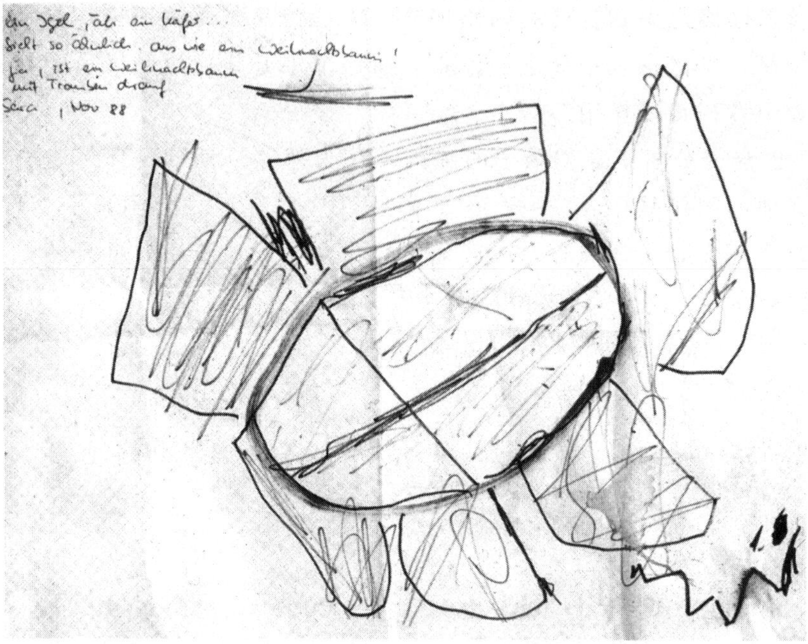

图 2.7　带有轴和“原始图形”的画

有意思的是，在这个无造型的时期，那些原始的图形可以表示多种含义，甚至可以代表“一切”：一只刺猬，一只甲虫，或者是一棵长了葡萄的圣诞树！

莎拉送给爸爸的生日礼物是一幅她精心创作的《小点点鱼缸》。画中的脉冲点代表了生物内部系统的节奏，比如脉搏、心脏、呼吸运动等，也代表生命的节奏（见图 2.8）。

埃格尔认为，在儿童的知觉发展阶段，以下四种内心世界的原始形态，即“中心”“轴”“原始圆形”“脉冲点”，发挥着重要作用。它们表达了年幼的孩子的身体感觉。慢慢地，孩子们对外界的感触会越来越多。对此，巴赫曼写道：“……精神是在直接的身体体验的基础上发展起来的。将身体的感觉变成意识的一个重要的转换工具就是创造力……在这个时期，知觉向外界的转移表现在，整个身体都会出现强烈的感官意识。皮肤作为身体内、外的分界线，

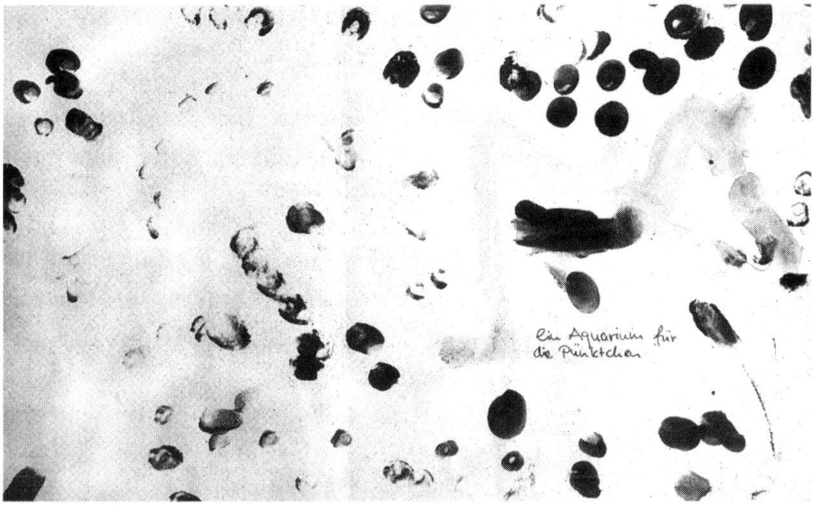

图 2.8 小点点鱼缸

在这个时候起到无可替代的重要作用。孩子们在画画时已经学会使用触觉器官，这不仅是他们进一步成熟的表现，而且是他们更多接触外面世界的基础。有时候孩子们会在所画内容的周围加上触须或者辐射等内容，这些代表了他们自己身体周围的事物。”

莎拉在《鱼》这幅画中第一次使用了触觉器官，借助于鱼的眼睛和触角感知世界，鱼凭借触觉在鱼缸内栩栩如生地游着。这次小小的乱涂乱画似乎证明了她的内心世界正在发生变化：旧的经历逐步退却，新的发展阶段逐渐开始。《鱼》是一幅“过渡画”，在这幅画中，我们之前提到的“破茧而出”（以及为“破茧”而做的种种努力）都被莎拉表现在画中了（见图 2.9）。

莎拉的画不仅体现了从儿童阶段初期向更成熟期的过渡，而且体现了从无造型阶段向有造型阶段的过渡。比如说，《鱼》这幅画中的鱼，现在是鱼，明天以及以后都一直是鱼。而不久之前，这条鱼还有可能代表“一切”。莎拉的画变得多样化了，同时内容也变得更明确了。

巴赫曼把经历辐射和触角的阶段看成是“画画的前提，也是认

图 2.9　鱼

识象征意义以及精神过程发展的前提。如果没有这个时期对于生活空间四处摸索的经历，那么就肯定不会有后来的思想开放，不会有广泛的兴趣和接受能力。”在目前出现的触须、辐射、触角的接触物中，最主要的是空气中的悬浮物（见图 2.10）。

这种接触的形式是由 10～18 个月大的孩子完成的。在这个时期，孩子开始研究他的周围环境，开始辨别方向，并开始不断地对更大范围内的环境感兴趣。实际上，这种探索会陪伴他一生。探索之旅从母亲那里开始：孩子离开妈妈，又回来，这次回来是为了寻求妈妈的支持，然后再次离去。埃格尔把这种来来回回的运动和大约 4 岁的孩子在图画中所表现出来的“方向感”这一现象联系起来。

在画这幅画的时候（见图 2.11），莎拉将画纸转了过来，她一边画一边转，这样一来，花儿长了茎并伸展开来。

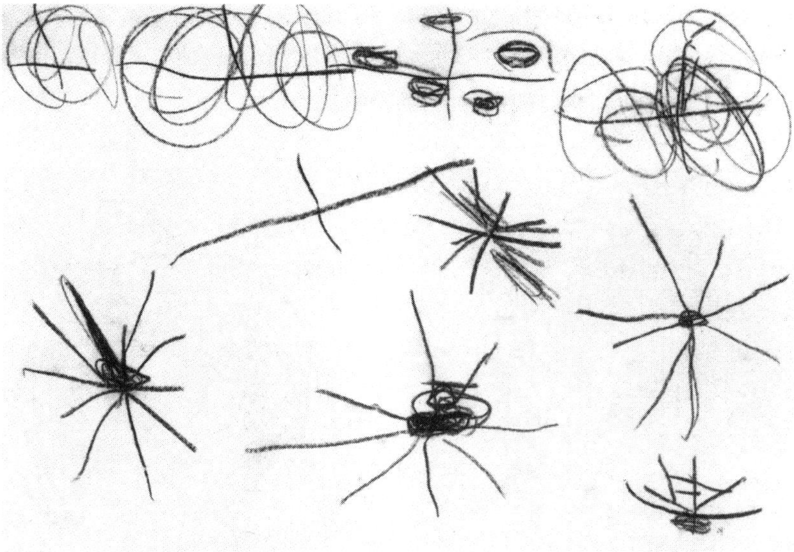

图 2.10　带有触须和辐射的画

图 2.11　长了茎的花儿

在莎拉接下来的作品中，她的空间方向感有所增强。在画千足虫（图 2.12）时，方向感被表现得淋漓尽致！

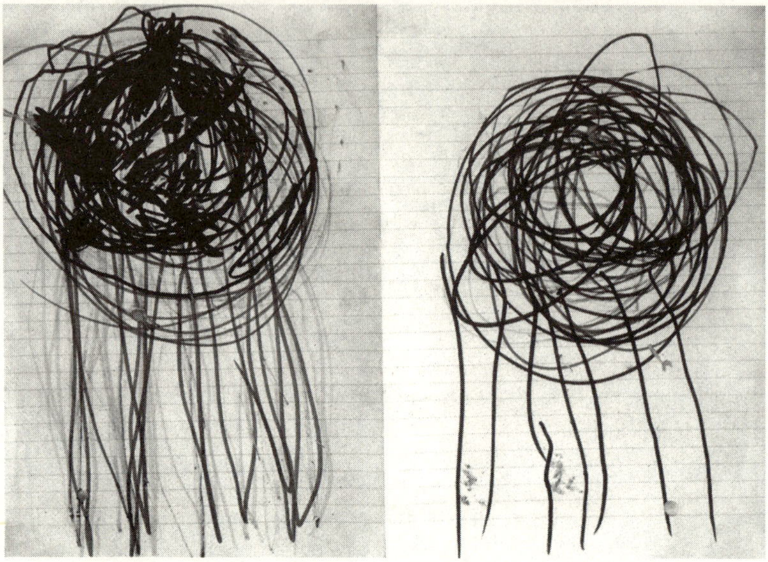

图 **2.12**　千足虫

马勒尔指出，1 岁半～2 岁的孩子已经在与妈妈的远、近距离上找到了一种平衡。这个时候他们的画已经类似于 4 岁孩子的画了：有轻重之分，有方向感，色彩绚丽，空间对他们来说已不陌生，而且被利用得很彻底。

在经历了对颜色和空间的沉迷之后，莎拉有了新的要求：创新。她通过交叉的方法来表现结构和构造，出现了创造性的意识（见图 2.13）。

在交叉和构造图画产生时期，我尤其注意莎拉使用了多少“脊柱”，以及她在哪些方面的能力表现得比较突出。她很清楚自己想要什么，她表现出了稳定性，不仅仅是在绘画层面上。

画中出现的形状和图案都有了明确的名称——画里的游乐场攀爬架有了攀爬架的样子，而那匹狼到了最后也还是一匹狼（见图 2.14）。

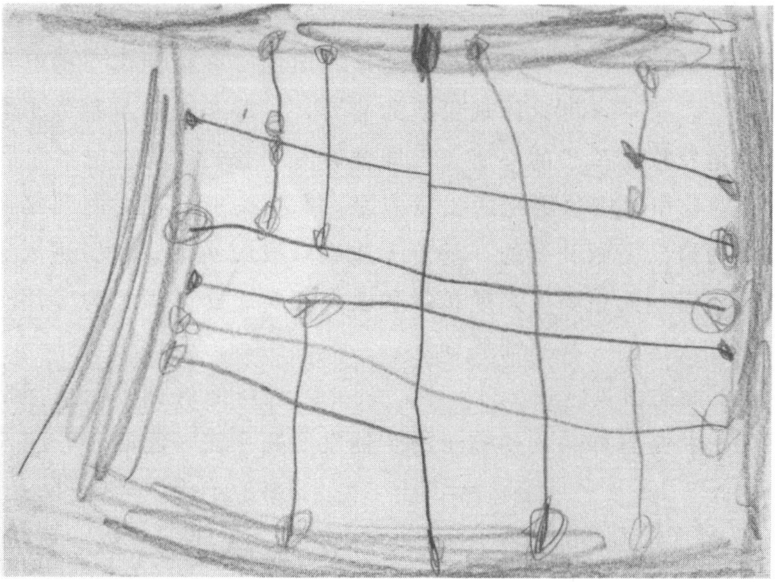

图 2.13　带有交叉结构的画

图 2.14　游乐场攀爬架和狼

说到这儿，我想到，当孩子能够明确地把形状和名称联系起来的时候，就说明他已经将自己在幼年时期的“客体距离”的经历运用自如了。这一点可以体现出他的能力，一些相关的事物的形象已经深深地扎根在孩子的心底了，即便看不到它们，也会记得它们。

巴赫曼和埃格尔研究的出发点是，4 岁孩子对过去的回忆画是用现在的情况去做补充的。随着无造型阶段的结束，孩子进入了一种新的状态：他想要更多地接触和表现现实。这样做是为了用“修整”的方法达到一种平衡和稳定。

在下面的图表（表 2.1）中，您可以清楚地看到，无造型阶段的原始形状是怎样与年幼孩子的个性发展联系在一起的。

表 2.1　原始图形一览——无造型阶段的绘画[①]

 一团乱画	尚无界限感和方向感 共生阶段（马勒尔）	界限
 螺旋线	已经产生了对于方向的新奇感和欲望，即将脱离共生阶段 破茧而出阶段（马勒尔）	
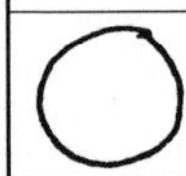 圆圈	已经懂得界限的概念，懂得内、外之分，我和非我早期的练习阶段（马勒尔）	
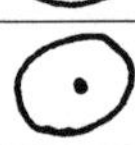 中心	发现了内心世界的结构	
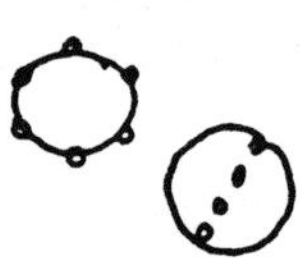 轴	“孵化”（弗洛伊德），身体有两面性： 好——坏 左——右 不同——相同	内心世界
 原始的圆形	空间中的方向感： 垂直和水平 上和下 左和右	
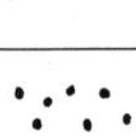 脉冲点	发现了自己内心的节奏 对生命的表达（心脏、呼吸）	

① 初稿由施米尔（Schmeer）根据埃格尔的理论形成（1984），是未出版的手稿。

续表

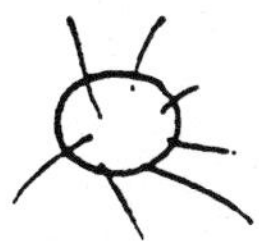	无方向感的触觉形象	从各个方向发现环境 扩张阶段的开始 真正的练习阶段（马勒尔）： 发现之旅还是从母亲开始	扩张
	有方向感的触觉形象	空间中的方向感 确定性和意愿性 越来越多的独立要求 开始重新接近（马勒尔）	
	立体图像 ——痕迹	空间被占有 绘画风格越来越清晰（往往通过后来的图画表现出来） 重新接近的危机（马勒尔）	
	立体图像 ——平面	与妈妈保持最佳距离	结构
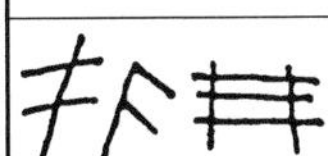	交叉图形	新结构游戏 创造力的练习	
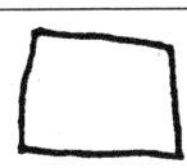	方形	加固（马勒尔） 无造型阶段结束	
在孩子长大以后，他将不断面对自身经历的这四个方面（界限、内心世界、扩张、结构）。无论是在他小时候的作画阶段，还是长大之后，他都将不断地接触到这四个方面，并深受其影响。			

造型阶段的开始

莎拉开始了这样一个阶段：她的活动范围一再越过画纸。画画的颜料会“莫名”地跑到她的身上：露在外面的手、胳膊、脚、腿、肚子都被画成了彩色——颜料涂到了她的身体上，然后再从身体回到画纸上（见图 2.15）。

莎拉喜欢一边唱歌一边画画，她还把信写在一只小狐狸身上。这只小狐狸名叫加布里尔，它是莎拉的好朋友。有一次，埃尔泽阿

图 2.15 绘画中的莎拉

姨收到了莎拉的礼物《下沉图》，她一定会觉得那幅画无从看起。还有一次，爸爸收到了一封“情书”。莎拉把她给爸爸的小礼物像模像样地画好，装到袋子里封上口。到了晚上，爸爸就在写字台上发现了这份礼物。

所谓的“头足动物”和“怪兽”（见图 2.16），以人和动物的形象出现。孩子们通过长线条、基本图形、各种图案的组合画出了这些离奇的形象，这些家伙看起来似乎可以着陆，可以站立，甚至有健全的意识。

为了创造人物形象，儿童在画画的时候可能会将整个环境都变成其素材。

在上一个阶段孩子已经学会画基本的几何图形，并学会如何把这些几何图形连接成一个整体。他已经学会表达一切想要表达的东西。但是，他对于“客体”本身并没有什么兴趣，也就是说，他还没有学会准确地观察和准确地塑造客观事物。孩子更关心的是自己

图 2.16　头足动物和怪兽

的内心需要。他画出来的内容与实际事物并不相符，他只是按照自己的生活经历和自己头脑中的印象来绘画。这种以想象为基础进行的绘画常常会发生"骤变"。一个刚刚还温顺平和的乖巧小动物突然就变成了一个龇牙咧嘴的猛兽，阳光明媚的天气可以瞬间大雨倾盆。或者一个形象在做某事时把自己弄脏了，于是被相应地涂上了黑色的牙齿。孩子们根本不屑于只停留在变化的某一个阶段上。他们喜欢把不同阶段的经历一层层地画下来，就好像我们在电影中看到的画面那样。我们可以很清楚地看到、听到，一个正在画画的孩子如何沉浸在自己的创作中，以及他是如何通过这种方式消除紧张和焦虑的。孩子们常常会和自己的新作品交流，或者给它们配音；他们也常常会沉浸在自己的动作中，就好像画上的形象活生生地站在他们面前一样。这时候的他们看起来就像在画前跳舞。

> “狗吠，机器隆隆作响，发动机高速运行，暴风疾驰，一个动物在吧嗒吧嗒地吃东西——所有这些都是在他们的经历中曾经出现过的现象。这个过程就好像做游戏一样，通过一些有代表性的形象来表达自己的经历。”（巴赫曼）

4 岁以后绘画造型的总体特点

赛茨认为，4～12 岁之间的孩子常会使用图表这种表达方法。他认为，对儿童绘画语言的发展起决定性作用的并不是在周围环境中存在的形状，而是孩子们在涂鸦过程中自己发现的那些形状。孩子们不是在临摹，而是在创造，其创造的内容要远远大于其模仿的内容。孩子们画画的出发点并不是他们看到了什么，而是他们如何看待“外面的世界”。孩子曾经在画中出现的事物那里经历过哪些事情，对他们的创作起着很重要的作用。他们将意义赋予所画的对象，而且这个意义是按照自己的经历来赋予的，孩子们对现实进行“翻译”，而不是“复制”。他们只画对自己来说很重要的那部分事物，并试着通过画画这个手段将周围的环境形象化。

这个年龄段孩子画画的特点是喜欢用几何形状，而且用这些形状孩子们可以表达任何事物。在这个阶段会反复出现以下特点：

- 简洁

孩子们用尽可能有特色、尽可能清楚的视角来展现画中的内容。所以我们可以发现，在同一张画纸上，动物从一个角度看公路，而同时，鸟儿从另外一个角度在看花园。

● 人神同形

在孩子们眼里，所有的生物都是一样的，动物会被拟人化。因此在他们的画中会出现长着耳朵的仙鹤，或者会有一匹人面马在微笑。

● 共时的角度

孩子们喜欢同时展现多种视角。比如，在马路旁边被翻下来的房屋的“正脸”，被翻上去的花园，一张同时从正面和侧面表现的脸。

● 透视图

孩子们从不顾忌把内心感受和外在世界同时表达出来。他们的画中会出现四面墙都透明的房子，也会出现妈妈的肚子里有一个可以被看见的宝宝，或者圣诞老人带着“可视的”和“不可视的”两份礼物（见图 2.17）。孩子们从生活的“本质”和画中对象的“本

图 2.17　带着礼物的圣诞老人

质”上表现他们的知识。

● 表达比例

孩子们将重要的事情放大画出来，而将不那么重要的内容缩小。所以一只玫瑰色的猫可以和教堂一样大（见图 2.18）。

图 2.18 和教堂一样大的猫

● 描述

图片语言取代了话语语言，但它们的目的是一样的：告知、讲述、倾诉，留下可以被人理解的符号。

蒂丽奥（Di Leo）认为，入学之前的儿童画的所有东西，“都只是他自己认为存在的东西，而并非取决于该物实际上是否可以被看见或者该如何被看见……从主观到客观的过渡不会突然发生；两种‘观察’的方法可以同时存在，一直持续到 7 岁。”

根据赛茨的观察，在正常情况下，儿童“自然”的观察和“自然主义”的绘画会出现在他们进入青春期之后（有关这部分理论的内容见参考文献）。

3 狼穴、尖牙和肚子里的石头

——形象的图案对解决冲突的作用

上幼儿园的孩子会深深地沉浸在自己所画的作品之中。他们的紧张和焦虑可以通过这种方式得到缓解，他们会把自己的一些经历进行加工，他们体内那种健康的力量会被激发出来。我女儿在读幼儿园时的一些例子可以说明上述观点。

“现在我要画一个狐狸的故事”

莎拉的父亲是一个狩猎爱好者，他常常在家里给莎拉讲一些自己狩猎的经历。有一次，莎拉坐在桌子旁宣布：“现在我要画一个狐狸的故事！”她像模像样地唱着歌，拿起了散落在一边的画笔，开始作画（见图 3.1）：

“黄色的小狐狸匆忙地跑过棕色的原野，然后她有很多很多的钱，噜，噜，噜……

草应该是绿色的，哇，哇，啦，啦，啦……

下雨了，我坐在警察的巡逻车里，啦啦啦……（大声地）”

她还画了橙色，并轻声唱道：“嗒，嗒，嗒……”

她说：“看呀，下雨了，像爆炸声，轰隆隆，也像铃声。

看呀，彩色的雨，这里是两种颜色的雨，这里有一种单色的绿雨。

看呀，有雷雨和闪电。

在这里我要画一只（又开始唱歌）大老鹰抓到一只老鼠，大老鹰抓到一只老鼠。”

图 3.1 狐狸的故事

她自我陶醉，继续讲道："这是一只老鹰，它抓到了一只老鼠——它抓到了一只小鸟。"

突然她停了下来，愤怒地说："下次再有大老鹰在我们的院子上空飞的话，我就叫爸爸带上步枪，打死它！"

然后她转回到纸上，一字一字地说："有一只狼走过来了，（唱道）轻轻地，轻轻地，轻轻地，跟在小轿车后面走过来了！

一只大狼走进了家门，走进了洞里——她是狼妈妈。小狼在这里（在画画时她学着狼叫，最后又开始唱）轻轻地，轻轻地，轻轻地……

这个是狼爸爸，他刚才在外面！"（莎拉不唱了，在画纸的下方出现了一只很大很大的狼）

意图解释

刚刚所举的例子很适合用来说明儿童画画的意图。

画一个狐狸故事的想法出现了，这种想法无意中吻合了莎拉自己的经历。实际上，这可以看成是她在用一种轻松的方法加工自己的经历。

一张狐狸图几经修改，最后变成了一幅狼的全家福。在一个小洞中居住的狼妈妈和她的儿子，以及一直离家在外的狼爸爸，最后都成为了这个故事中的角色。

安全的象征——洞是这幅画必不可少的内容，因为它代表家，可以帮助狼妈妈躲避危险。在莎拉的脑海中一直有危险的影子，因为有只大老鹰逮住了一只个头很小但已经长成的鸟。

其实，就在几天前，莎拉在家里经历了一件可怕的事情：一只老鹰从鸡群中把那只咯咯叫的鸡妈妈捉住了。当我们赶到的时候，为时已晚。莎拉非常担心那群无助的、惊慌失措的小鸡。（不久以后，这群小鸡很幸运地被另外一只母鸡“收养”了，重新找到了“保护伞”）

不久前发生的另一件可怕的事情也给莎拉造成了心灵阴影：我们家在一条街的转弯处，那里经常发生危险的事情。不久前就发生了一次很严重的交通事故，很多警车和救护车赶到这里抢救伤者。

这件事之后，莎拉的作品中也出现了一辆警车。在画中，莎拉开着这辆车，有效地控制住了马路上的局势。

在莎拉的画里还出现了彩色的闪电和雷，那是因为不久前我们这个地区刚刚遭到一场很严重的秋季雷雨暴风的侵袭。那天连房子的天线都被闪电破坏了。

莎拉的父亲由于个人爱好原因，常常不在家，正像她的画中的狼爸爸一样。

（狼的）孩子可以在（狼穴）家中寻求安全感。那里不会遭受闪电的袭击，没有猛禽侵入，没有事故发生！在这样一个安全的地方，孩子可以把之前发生的那些可怕的事情以一种轻松的心情和创造性的态度重现出来，并以画的形式表达出来。

在这个“受到阻碍的”狐狸的故事中，我们可以看到莎拉在前几天和前几周中所经历的一些情绪上的变化。这些事情被莎拉“打包”成一个“说唱故事”，并且把事件的原型通过一些绘画元素“隐藏”起来。这个故事可以被看做一次克服困难的尝试。

成熟时期和克服困难的方法

莎拉克服了危险时期，迎来了成熟时期，这期间她得了猩红热，我们用顺势疗法为她治疗。对她来说，这个过程漫长却又相对轻松。期间，她曾忘我地坐在那里几个小时之久，把红色和蓝色的水彩调到一起，还把无数张画纸用有活力的淡紫色涂满。

在这段时间，每天晚上播出的连续剧《换皮》很受欢迎。如果没有这个电视剧，根本不可能把莎拉哄上床（我们必须想办法让她把白天穿的衣服换成睡衣）。围绕每天晚上的“蜕皮”产生了很多充满想象力的故事。实际上，因为猩红热，莎拉在这段时间手掌和脚掌都在脱皮；她看起来就像一只小动物，似乎由于换季的原因或者因为长个子的原因需要补充一层新的外壳一样。

库佩尔（Cooper）把紫色看做代表变化的颜色[①]。里德尔在谈到“女性成熟和变化的过程时”，说她们经常用这种颜色表达自己。

经过五周的生病期之后，莎拉好像真的改变了。她看上去长大了、更懂事了、更成熟了、更独立了，但有时候也更倔犟、更任性、更有主见了。这些都体现在她的画里。

比如，有一次她和我辩论该如何使一个情景更加形象化，在这个过程中我对她倔犟而顽固的行为很生气。

① 引自英格里德·里德尔（Ingrid Riedel）的书《绘画疗法》。

莎拉也生我的气，但是她没有办法直接对我表达不满。因此，我在自己“神经质”的时候，离开了我们共同的“战场”，一方面为了清扫马厩，另一方面也用这种方式发泄自己的情绪。

几分钟之后，莎拉也出现在马厩中，她心情大好地说：“看啊，妈妈，看我画了什么……”

一匹马——第一次，我能看出来她画的是什么了——长着大肚子和四条强健的腿，脑袋上有一只眼睛、两只耳朵和一个看上去是嘴的东西。在她画画的过程中，她把怒气发泄出去了，也有可能是在画画的过程中忘记了刚才的事情，也可能只是她自己创造出了一片“好天气”。

虽然我也很喜欢她的画，但是在这个时候我还不能心甘情愿地让步，所以还是表现得闷闷不乐。“我还忘了点东西！”莎拉高兴地喊道，然后跑回屋子里去了。不久她再次出现在我面前，很高兴地摇着手里的画。她的马这次长了嘴，还有两排尖牙，看起来很是骁勇善战：“给你，妈妈！”（见图 3.2）这匹把牙齿咬得喳喳作响的马终于给我带来了好心情，从它身上我仿佛看到了自己，我不得不

图 **3.2** 把牙齿咬得喳喳作响的马

笑了。我的怒气也一扫而光。

对莎拉来说，她可以通过画画发泄不满情绪。除此之外，她的画也相当于一份“求和礼物”。

这段时间我们家得到了一匹母马，而且它还产了一匹小马，因此，母马和小马反复地出现在我女儿的画中。长时间和这匹母马生活在一起，观察它怎样照顾自己的小马，莎拉的观察能力大大提高。这表现在后来她沙门氏菌中毒期间，她不停地在纸上画大大小小的马；而那些小马总是趴在它们妈妈的肚子下面（见图 3.3，图 3.4）

图 **3.3** 肚子里装有石头的马

有时候动物的肚子里面装满石头状的东西，有时候它们会长出蓝红色的脑袋，有时候它们的肚子被“装饰”得很有特色。画中的这些部分都会格外引人注目。

在画这些马的时候，莎拉将她自己生病的感觉，如疼痛、拉肚子、恶心等也“传染”给了马。将病痛转移给外物可以帮助莎拉减轻负担，同时，在这方面展开积极的想象也可以帮助她忍受并战胜

图 **3.4** 拉肚子的马

病痛。正如她画中的小马需要妈妈的保护一样，莎拉在生病期间尤其需要我的保护，她试着接近我，希望我能够帮她减缓因为生病而引起的肚子痉挛。在她的画中也经常出现会危害小马安全的猛禽。在小动物上方的妈妈肚子上的弧形，可以被看做安全的象征。

为了调动起免疫力，也为了减轻病痛，克服可怕的生病过程，莎拉好像产生了一种“自我疗伤”的力量。这种力量在她生病期间被激活，并通过画画这种手段不断达到一种内在平衡。

莎拉在一幅画中使用了弧形这个符号，这是为了以一种“特殊的方式”保护她最喜爱的猫。这只猫很喜欢趴在墙上，等着抓老鼠，但同时它也是在冒险，因为这样有可能落入猎人之手。有一天这只猫突然消失了，再也没有出现。莎拉不愿意相信它是被猎人抓走了，于是画了一幅彩虹画，这道彩虹可以保护猫（见图 3.5）。她希望借此克服自己恐惧和悲伤的心情。

根据巴赫曼的研究，这种以彩虹为代表的形状大都出现在儿童

图 3.5　彩虹画

入学前。在这个时期，孩子们会出现“重新接近的危机”，但是他们心里确信父母带来的安全感，因此他们的行为方式会表现出倒退和进步交替出现的情况。这说明，他们虽然已经长大了不少，但毕竟还是小孩子，需要别人的呵护。

第二部分

关于儿童画的理解

本质的东西眼睛看不到，只有用心才能看得清。

——安东尼·德·圣-德克旭贝里

(Antoine de Saint-Exupery)

4 理解儿童图画的方法

绘画是一件很私人的事情。每一幅画都可以反映其作者个性的一部分，反过来说，画的意义又总是与看画者的立场息息相关，深受欣赏这幅画的人本身经历的影响。因此从一幅画中我们可以得出不同的结论。对一幅画的含义做单一的或者千篇一律的解释都是目光短浅的，也是不负责任的。这就好像我们分析一幅成品画的时候，不去考虑绘画的背景或者绘画的过程一样。

> “画的象征意义不能用统一的标准来衡量。画的象征性可以很宽泛，但是其意义却因人而异。一幅画可能传达某种新的信息，也可能在论证我们已知的某件事情。但是如果不考虑与画相关的背景，就无法真正理解一幅画的含义。”（蒂丽奥）

有哪些方法可以帮助我们理解孩子们在画中没有直接说出来的内容，或者是孩子们根本就没有说的内容呢？怎样才可以弄清楚孩子们在画中隐藏的信息呢？

四种方法

● 方法一：对一幅画的“外表”进行研究，并且弄清画的中心、独特之处、象征性、形式、颜色、画中内容的强度以及画面的分配。但是我坚决反对仅仅从儿童画的“外表”对其进行理解和说明。这个方法只能作为一种辅助手段，它可以帮助我们更好地弄清这幅画，并能引发我们进行进一步的思考。

● 方法二：想要更深层地理解一幅画，就必须有耐心、感知能力和浓厚的兴趣。有些因素对绘画者会产生重要的影响，比如生活环境、家庭关系、朋友、学校的班级和目前所处的发展阶段、特殊的事情、给绘画者造成负担的冲突事件等。如果能够观看绘画过程，将会给我们理解这幅画带来很多启发。本书的重点就建立在研究绘画过程的基础上（见第三部分）。

● 方法三：还有一点我认为比较有用的就是把自己与孩子们的画联系起来，并尝试设身处地地进入这幅画。在第 9 章，我举例说明了怎样运用这种方法。

● 方法四：如果成人能够把自己的经历、创造的热情融合到绘画中来，并且认真地去体会儿童的不拘一格和创造力，那么他们将感到非常充实。在和孩子们谈论画之前，大人最好自己也试着画画。许多大人在自己是孩子时也常常画画，但是不知道从什么时候开始，他们丢掉了绘画工具，而且很有可能再也不会拿起来。为了重新拿起画笔，刚开始时他们是需要被鼓励的。当再次接触绘画这种表达方式的时候，他们对画的评价标准会发生改变，头脑中原本存在的偏见减轻或者干脆消除了，僵化的思维和行为得到了改变，对孩子们的作品也更加宽容了。因为研究自己的画更容易、更有乐趣，绘画的确是与幽默和快乐联系在一起的。画画使人放松、减压、振奋、充实。在画画的过程中自信心和自我价值感会油然而生，会有恍然大悟之感，也会产生很多有趣的认识过程。绘画可以架设起一座交流和联系之桥，桥的一端是画，另一端是语言，我们可以通过这座桥寻找并最终找到生活中的困境或者是冲突的解决之路（见第四部分）。

焦点——接近这幅画

为了说明几个焦点问题——可以把这些问题看成是我对第一次接

近、倾听以及感受一幅儿童画的人的建议——我想引用美国心理学家格莱格·弗思（Gregg M. Furth）的观点。他在其著作《通过绘画疗伤》这本书中详细而生动地介绍了理解儿童画要考虑的因素。

首要的问题

在初次观察一幅画时，弗思提出的中心问题是：

- 这幅画要向我传达一种什么样的感受？

在进一步观察这幅画之后，可以接着提出下面的问题：

- 我们可以发现这幅画的什么特点？
- 画的中心是什么？
- 还缺少什么？
- 可以发现哪些隐藏的含义？
- 画面上的物体大小、形状以及运动的方向都是怎样的？
- 这幅画中是否存在不同的视角、省略、明暗色调的表现法、弧形、圆圈、下划线、笔迹、透明处、反面、歪曲的图形等？
- 哪些内容一再被重复？

根据我的经验，要回答这些问题，必须先弄清楚孩子在画画时的发展状态。我们应该了解孩子的个性，考虑孩子有哪些独特的经历，还应该考虑其生活经历以及目前的生活情况。

画面分配、颜色以及绘画过程

在画画的过程中，如果考虑一下画面和空间的分配、颜色的象征性意义、材料的使用以及反复出现的内容的数量，对提高绘画的质量会大有裨益。但是弗思指出，这些问题没有普遍的规则。色彩分析研究说明了怎样使用颜色，在哪里使用颜色，使用多少颜色，以及颜色在画纸上分配的比例。但是弗思同时也说，没有明确的分析规则。

从某种意义上来说，我们可以把一幅画看做一个人的一生：人生是很充实还是很空虚？空间都被利用了吗？一幅丰盈的画可以表现出生命力，可以表达一种生命的交流，也可以表达作者的愿望。

图画的边缘部分可以表示界限、迟疑、自我克制，也可能表示绘画者部分地参与某事。毁掉或者擦掉某些内容可能表示冲突或者作者未完成的愿望。

比如，8岁的伊丽莎白在过去的两年中画了无数只相似的狗。但是，她又把每只狗都擦掉了或者一再地“改进”。通常情况下她都会把画纸捏成一团或者扔掉。这是因为从几年前开始这个小姑娘就希望有一只活泼的小狗。在很多场合，别人已经把养小狗的篮子、脖套、牵狗的皮带以及狗料盆作为礼物送给她了。但是她的这个愿望却因为她的父亲说“不”而搁浅，因为他忍受不了在自己家中养动物。

三个基本规则

弗思认为，在观察一幅画的时候，应该特别注意三个基本规则。

● 把握画的第一印象，但不要急于定论这幅画“属于”哪种类型，可以体会、感觉，但不要急于研究画的内容。

● 考虑一下画纸的大小、规格和质量，注意画的焦点，绘画者想通过这幅画说些什么，以及在画画的过程中是如何表现的。

● 把对单个元素的感觉联系起来，并把这些感受当做一个整体看待。

总之，最重要的是不要匆忙下结论。我们的表现对儿童和他们的画来说非常重要：我们不能随便干涉他们作画，要让他们按照自己的节拍、用自己的语言作画；我们不能随便更改他们的画，不能给他们做示范，不能批评他们，重要的是对其内容和结构不能随便提建议。

5 甲虫、刺猬还是圣诞树

——你画的是什么

有一次，在我观察 3 岁半的女儿画一个盛开的、花儿一样的图形时，我非常高兴。总算可以看懂她在画什么啦！可是，她却以谴责的语气教导我说："这不是花！这是甲虫，嗯，是一只刺猬，看起来也像是一串葡萄挂在圣诞树上！"我从这次错误中学会了许多！我开始明白，在孩子们刚开始画画时，不断地问他们"你画了什么？这个是什么？这个会变成什么样子"等问题是多余的，因为这个时期的孩子们正在经历一种过程性的思维，他们的想法是多变的。他们的画源于"对心目中的图形的想象"，尤其是幼儿园阶段的孩子，他们正在经历一种动态的、神奇的思维过程。

为了不打扰或者不干扰儿童最重要的绘画发展阶段，我们不能给孩子做"榜样"，比如到底应该怎样画一座房子、一个人或者一朵花。如果我们这样做，很有可能不仅是在剥夺孩子发现自己的绘画语言的权利，而且是在把一种"绘画外语"（赛茨）强加给他们。这种"外语"就是我们对于事物表象的看法。正确的做法应该是鼓励孩子们去发展自己的、有个性的绘画语言。我们要尊重他们的作品，哪怕是那些我们理解不了的、无法看懂的甚至第一眼就不知所云的作品。

令人高兴的是，有很多父母凭直觉把他们的孩子从幼儿园到入学之后的画都仔细地保存起来了。虽然父母们可能并不理解这些绘画语言的意义，但是他们已经意识到了，孩子的本质就隐藏在这些画的后面，这些画可以表达孩子隐藏的东西，也可以表现他们心中那个奇妙的世界。

“孩子们充满了想象力”，施特劳斯（Strauss）写道，“在他们的心中埋藏了很多经历和回忆。和我们一样，他们也会碰到不同的经历层面：清醒时的观察和睡梦中的感觉。而看到的和感觉到的通常是直接对立的。绘画会向我们展示这两种完全不同的领域的过渡以及不同的层面。”

奇怪的是，那些不被理解的画往往得不到重视。第一眼无法被人理解的东西，其价值就打折扣了，或者被人们用一种荒谬的方式误解了。出现这种情况的原因是，很少有成人自己还在画画，绘画语言对于他们来说已经很陌生了。对于这种情况，我在给家长和教育工作者做咨询的时候总是建议他们自己也动手画画。

鲍姆加特（Baumgardt）指出，在儿童发展的一些阶段，他们会特别喜欢画画。他们会把自己想到的和自己感受到的进行加工。由于孩子们对大人的依赖性，所以成人世界的冲突也会对他们无形的“触角”产生影响。他们无法与这个世界划清界限，因此只能以自己的方式忍受这些所见所闻。儿童画存在的意义在于，可以传达信息，有时候也有“呼救”的功能，希望得到大人们的同情，也希望大人能够理解并做出相应的反应。

让我们以宽容和重视的态度陪伴孩子们吧！让我们支持他们，开发他们的表达能力。多看看孩子们的印记吧，这可以帮助我们理解孩子。

6 跑题的主题画

我发现总有这样的情况出现：当孩子们被告知按照某一个主题画画时，比如，幼儿园中或者是上学时美术课上的“主题画”，他们总是无法准确地扣住主题。我认为，这些画虽然不幸跑题了，但我们可以把它们看成特殊的画。

画画的过程伴随着一种“内心的优先权”，成年人对此应该表示理解。根据我的经验，在这种情况下，孩子们“真正”要表达的内容，或者说这个时候对孩子们来说最主要的内容，就是有效地解决冲突。所以在这些画中通常会包含重要的、有时候甚至是很现实的信息。他们不自觉地在追求相关的人的理解，因为这种理解意味着一种信任。这种现象到目前为止在相关文献中极少受到重视，而且在绘画艺术培训的过程中也常常被忽视。但是这种现象却时有发生，即由于不能被理解而导致作品不受重视。出于工作任务的考虑，也因为有教学计划的压力，学校的老师通常会把这样的作品定义为“跑题的作品”，其反应常常是指责、批评，继而对这个孩子表示失望，对其作品评价极低或者说很坏。孩子们感到自己不被理解，因而失去对画画的兴趣，也失去了“自我表达”的勇气。结果他们的作品减少了。

不幸的是，孩子们不仅仅是在课堂上会遇到“不被理解”的问题，在家里也是。他们的哥哥姐姐在学校中都已经受到了只强调成绩这种倾向的影响，他们的父母被自己过度操劳的情绪以及僵化的思维定势所牵引，也很喜欢控制、指责、贬低、主观判断孩子的画，有时候甚至会插手干涉孩子的画画过程。人们总是用一种与年幼的孩子本身的逻辑思维相去甚远的评价标准来评判。

儿童图画的产生有一个过程。幼儿园和低年级的孩子会有很多奇妙的想法。这些都表现在他们的图画中。为什么一幅画就不能是全黑的，如果孩子画的场景正好发生在黑夜？为什么在《我的家》中一定要画上姐姐，如果孩子就是觉得这里没有她才舒服，可以把她画在别的地方呢？为什么一定要给弟弟画上手，如果他总是从别人的桌上拿走东西，却从不送回来？为什么不能把婴儿画在肚子里？哦，当然，因为它在妈妈的肚子里，我们看不见。但是，所有人都知道，它确实在那里啊！为什么一定要把一大张纸整个儿都画满，如果那个站在角落里的小男孩儿会因为世界如此之大而感觉自己无比渺小？

作为礼物送出的画是孩子们想要进行人际交往的小提示。可是，这样的隐性“表情”很容易被漫不经心地忽视，被家长们做出负面评价或者会错了意。如果再加上其他的不利因素的共同作用，这样的情况很容易给孩子们的心灵造成创伤，他们处理人际关系的能力也会因此而受到影响。

对于教育来说，自由的即兴作画、幻想和想象力的开发有着不可低估的意义。这一点不仅适用于问题儿童，而且同样适用于那些心智发展健全的孩子。

在接下来的几章中，我们将以不同的方式接触孩子们在画中所描述的事物的本质。这些本质性的东西，有些是秘密，我们不得而知；而有些则能够被解读，能使我们借此了解孩子们的发展状况和他们所处的生活环境，了解他们遇到的障碍、冲突、威胁和恐惧。同时，我们还能在画里发现孩子们创造性的加工能力和自愈能力。

第三部分

孩子们的印记

——十二幅画的故事

涂鸦就像一幅地图，描摹着“内在的风光”。它一方面描画出了有待处理的障碍，另一方面表达了障碍的来源和处理的途径。

——哥特鲁德·肖腾洛尔
（Gertraud Schottenloher）

7 表达内心冲突的即兴画

在我的教学工作、音乐启蒙和辅导工作中总是碰到一些孩子的涂鸦。在这里，我只想选择很小的一部分加以介绍。这些图画引起了我的注意，令我非常着迷而且无暇他顾。我在揣摩这些图画背后隐藏的信息。这些信息来自孩子们的潜意识，是一种深层的表达，目前还没有合适的语言可以形容，因为以前或许没人听到孩子们求援的声音。

乍看上去，这些都是我们认识的图画，算不上“特别之作”。然而，进一步了解之后，我们发现每幅画都包含一个“故事”，都有一个背景，这个背景让我们更好地理解为什么孩子们恰好在这个时候以这种方式画出这样一幅画。

以下四个例子讲的就是孩子们如何通过画画来应对和战胜困难的。

伊娜：当云朵哭泣的时候

三个 7 岁的小姑娘坐在一家旅馆的桌子旁画马，以打发上菜之前的时间。伊娜非常专心地开始画头部和身体（见图 7.1）。画到一半的时候，她突然停下来，把画纸翻过来重新开始画。又一匹马诞生了，这一次画里面有个女骑士，马车连着汽车，还有运动场，最后还有云彩和太阳。画面中间的云彩里露出的脸上有张微笑的嘴；后来，这张嘴又被“修改”成了一张悲伤的嘴，眼睛里流出了

图 7.1　没画完的马

泪水——夏日天空下友好的云朵变成了一朵雨云。一面雨墙出现在画面中心，把画面一分为二（见图 7.2）。画完后，伊娜把图放在一边，似乎筋疲力尽了。

早在伊娜画第一匹马的时候，我就对她那与众不同的构图印象深刻。她只画到一半就不画了，又从背面重新画了一幅，这让我感到很惊讶。我跟她谈起这个时，她回答道，马的一条后腿她画不好，看上去总是很奇怪。我发现她在画第一匹马的后腿时总是把铅笔头折断，重新换笔头。第二匹马的后腿看上去很粗。“受伤之后的腿通常会肿成这样”，我想起了我的《马时代》里的解释。此外，伊娜还讲了“敦卡”的故事。敦卡是一匹马，夏天的时候不幸被另一匹马踩踏，后腿严重骨折，无法治愈，结果死去了。这匹马救过伊娜母亲的命，“跑过”两场比赛，曾经是一匹“超级马”。

稍后，我们把两幅图放在一起比较。伊娜注意到，她的第二匹马看上去和敦卡很像，都是棕色的；云朵的“眼泪”几乎碰到了它

图 7.2　后腿很粗的马

受伤的部位。画第一匹马的时候，伊娜刚刚画完躯干，就在她心爱的马儿受伤的部位那里停笔不动了。谈到背面那幅画中的人物时，她说："这个女骑士是马的主人，她的头发不是金色的，不像我。"

她考虑了一下："我当时坐在汽车里，在读书。"可是她之前说汽车里坐着某个对马和赛马不感兴趣的人。最后她说："我最想做那个角落里的女孩，那个看着比赛喊着'好棒'的女孩！"

这个例子说的是一个爱马的女孩因痛失心爱的宠物而感到的巨大悲伤。之前被翻过去的那幅画了一半的马告诉我们，伊娜在下意识地避免回忆起发生过的那件事。她在回避冲突。不过，最后伊娜还是找到了解决冲突的出口——她对冲突进行了加工！伊娜变相地把自己加进了画里，就好像她暂时不想看到、感知或者相信那可怕的一幕。于是她把自己放到了汽车里阅读者的位子上。

画中左边高喊"好棒"的小孩就是和伊娜一起练习骑马的朋友。然而，从这个场景中衍生出的愉悦情绪却是相当有限的，因为这个朋友几乎没占什么位置。之前高兴的云朵变成了雨云，带着满眼泪水垂望着马儿的致命伤。

伊娜又重新想起了自己难以接受的经历，并把它融入画中，无意识地在悲痛中回顾着马儿的死去。画完之后她非常疲倦，居然在另外两个坐在桌边画画的女孩子身边睡着了。我们聊完之后，她突发奇想地把这幅画送给了我。

亚娜的心愿：让父母重归于好

在我们为城市电视台录制的一期儿童假日节目中，一群6～10岁的儿童聚集在我们从前住过的小山坡上。他们在古老的马厩里听着美丽的宫廷故事，被带进了故事中的童话王国。在明媚的天空下，孩子们在自己的庭院里描画着自己的城堡和宫殿。

一个讲童话的女孩让孩子们置身于俄罗斯童话中。尽管有蚊子在我们周围飞来飞去，神秘的气氛还是油然而生。孩子们都进入了角色。不同的色彩、画面底色、纸模型、布头、盒子、空纸筒、木头段、黏合材料都已经备齐，孩子们积攒了好多年的这些人工的和天然的材料可以用来做简单的游戏或者做实验。

造型不一的美丽城堡诞生了，其中的几个结构有点松垮。于是孩子们又试了试，重新黏合材料，然后涂上绚烂的色彩。就这样，孩子们为他们各自的奇幻故事赋予了可视的外形。

亚娜的城堡坐落在一个蓝色的底板上，上面站着一个女人，她在叫喊，看上去很孤独，胳膊伸展着，好像在求救。

不一会儿，这幅画面有了改变：鸟儿出现了，听从着“微风女王”的吩咐。在亚娜的安排下，一幅由不同材料构成的与众不同的拼贴画映入眼帘，它只反映了童话故事里的一小段。后来，当所有孩子都完成了自己的作品，聚集在花园里小憩的时候，亚娜突然站起来呼喊着跑开了，她说她还有些重要的东西忘在了画室。短暂的休息之后，我们把尚未干透的成品放在空地上晾干。在亚娜那儿，一幅崭新的图画出炉了，那是亚娜利用休息时间匆忙勾勒出来的。她在纸上画了两棵外形相似的树，这两棵树分别位于画面的左右两边，被一张黑色的、画得很用力的“吊床”连接在一起。这张吊床把两棵树层层缠绕起来，似乎这两棵树必须紧紧地连接在一起。我不了解亚娜和她的生活背景，因此这幅画引起了我的猜测。

那天的活动结束后，孩子们把他们所有的画和手工作品全部交给了我，以备这个假期项目结束时的展览用。半年之后，当亚娜和她的妈妈来我这里取回她的画时，她的第一个问题就是问我有没有把那张有吊床的画保存起来。她的第一幅画，就是那幅拼贴画，已经给我留下了深刻的印象。当我发现亚娜选择了“微风女王”的主题来创作的时候，那种有人在呼救的感觉就很快明晰。我尤其注意到，她在画中表达了施加影响的愿望。她为此花费了许多时间和精力。不久，主动承担问题的拯救者被画入了画中。画中最初的寻求帮助的印象在创作过程中逐渐发生了转变。在这里，女孩在一个拥有魔力的童话人物（鸟神）的帮助下，掌握了形势，招引来一批鸟儿，以帮助故事中那个迷路的公主！亚娜的这个题目似乎触及了一些现实中的问题，这些问题如今在图画里得到了表达。第二幅画被风风火火地画完，以简洁的象征直接表达了触动这个小女孩的究竟是什么事情。

在这个例子中，孩子的一个有趣的战胜自我的策略跃然纸上。让我们回忆一下：当时，画完画回家之后，亚娜显得很放松。她原来的题目是对童话中的一幕故事进行加工，结果改弦易辙，变成了通过绘画寻找一个释放压力的解决方案。这些都是第二幅画告诉我们的。她突然爆发的那句“我还忘了些重要的东西”，那种瞬间改动的冲动，半年后对那幅表面看来没什么不同的图画的关注，都表明了这第二幅画对她有着多么重要的意义。没过多久，通过一个熟人不经意的提醒，我才知道在亚娜画画的时候，她父母的关系正陷入危机。很明显，亚娜的父母在感情上彼此疏远，而当时又找不到什么出路。从这张有吊床的画我们可以猜出，两人可能正打算离婚。

然而我还是会想，去阐释一幅画或直接去理解它的内容，通常根本没有必要。重要的是给亚娜这样的孩子一个机会去刻画“她的主题”，哪怕它不大符合我们既定的想法。这个女孩后来的这幅画告诉我们，遵从这样的一种冲动去画画是多么地如释重负，多么地让人放松。

可惜现在这两幅画已经成了“废纸运动”的牺牲品，我们再也看不到了。

弗洛里安：我们讲和吧

弗洛里安在一本小学二年级故事书的启发下创作了一幅画，刚刚画完就把它送给了妈妈（见图 7.3）。他妈妈用红纸复印了一份，送给了孩子的爸爸。他也应该留一份的。

图 **7.3**　“我们讲和吧！”

许多无谓的争吵构成了这幅画的背景，这些争吵的话都是父母说过的。看起来，离婚已经在所难免。

在画中，父母坐在桌边，桌上放着咖啡杯，两人正处于激烈的争论当中。但是，他们却向对方伸出手，微笑着。其中一个建议："我们讲和吧。"弗洛里安的妈妈也送了一份复印画给我。她从伸出的双手中看到了一种和解的姿态，这象征着她的努力。尽管她与弗洛里安的爸爸已经分开，但她仍然要和他保持一种友好的关系，以此来缓和儿子的情绪。

图 7.4　"我们和好吧！"①

当时，我 7 岁的女儿对弗洛里安的画和他作画的原因很感兴趣。她和弗洛里安是多年的好朋友。大约半年后，当我和丈夫陷入异常激烈的争论时，她不声不响地离开桌子，把自己关进了起居

① 图中右侧文字意为"我们和好吧"，左侧文字意为"好吧"。

室。过了很长一段时间，她才走出来，用期待的目光把一幅画放到了我的座位上。这幅画很像弗洛里安的那幅，不过多了些装饰，在透明房子旁边有棵长满果实的大树，桌子上有个亮堂堂的果盘。画中的两个人也在说话，而且说的话还被双线描过，内容是很想讲和。莎拉画画的时候还不知道我们已经争论到什么地步，和解的姿态还没有画出来，双手也没有作特别的描画，胳膊几乎看不见，紧贴着身体（见图 7.4）。这幅画的信息十分简单，不需要作过多的阐释。

莎拉参与讨论的方式自然缓和了我们讨论的节奏。这场讨论由于这幅画转到了另一个方向。孩子给出了一个信号，表达了一个意愿，而我们理解了！

莎拉：死亡之旅还是生命之旅

一个很偶然的机会，我从女儿新交的朋友的母亲那里听说了一件事，这件事让我非常震撼。那位母亲把我带到了她们刚搬去的一座老农舍，还给我看了一个来自南美的小伙子约瑟的房间。一年前，约瑟刚结束在农场的实习。我们是在农民邻居们的招待会上认识他的。他才 17 岁，性格开朗、有趣，一看就是个有活力的人。我们跟他聊起他的家乡、他的职业前景，还有两种文化下他自己以及家人的生活；我们还谈到他未来的打算和愿望。跟约瑟交谈让人非常舒服自在。莎拉还和他一起踢了足球。后来，实习期满不久，约瑟就回国了。

现在，我去串门的时候听说约瑟在家乡自杀了。他在农舍住过的房间还保持着他走时的样子。墙上挂着一幅他自己画的画，令我很受触动，但别人似乎对它不感兴趣，于是我请求把这幅画带回去。

和我记忆中那个热爱生活阳光灿烂的约瑟相反，这幅画的颜色给我的印象是呆板的，毫无生气的：被一分为二的两块草地，原野，树木，一潭湖水，还有一条寂寞的小径越走越窄（见图 7.5）。

画面的构图是作者精心思考之后有意安排的，图中内容的组合很僵硬，形式很机械。

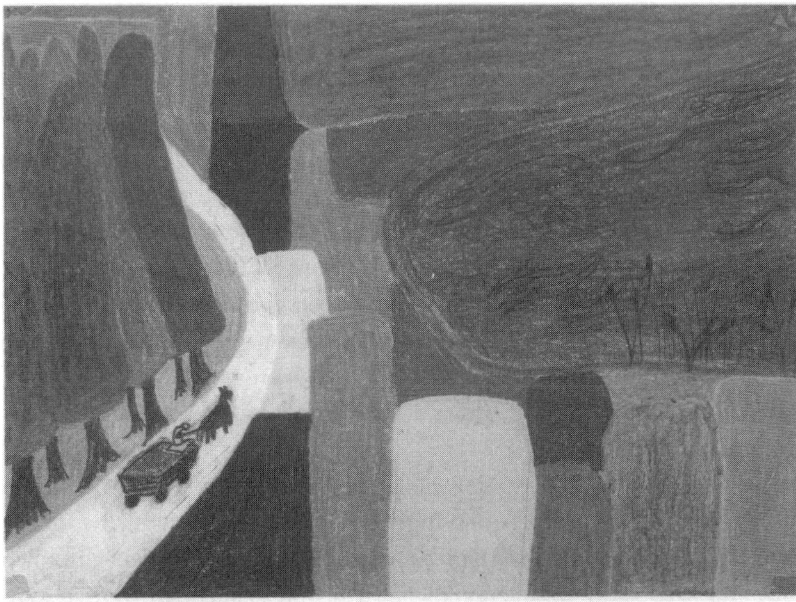

图 7.5　僵硬机械的画

蒂丽奥认为，僵硬和机械的形象通常会出现在性格内向的年轻人和成年人的绘画中，是他们回避现实的反映。这个现实可能正受到威胁或需要克服困难。

这幅画的布局引起了我的兴趣：画面右半侧有一潭湖水，里面长着蔓生植物和水草。这潭湖水体现了“无意识”，即头脑中根深蒂固的却又不为人知的纠缠和故事。水边生物只有仔细观察才看得到。一条街从画面左侧下方缓缓地伸向左侧上方，在树丛后面消失了。

在这条路上有一个行者，拉车的牲口看上去很疲倦。马车上有一个陷入沉思的幽灵般的形象，似乎也要消失在画面的左侧上方。

莎拉的脑子里总是不断地想着约瑟死时的场景，可是当时我对这些细节却一无所知。

噩耗传来之后没几天，莎拉就向我要去了约瑟的画。那幅画“不知怎么的”让她很是喜欢，现在她也要画点东西了！她开始重画那些树，虽然形态一样，但没有那么紧凑，颜色也更浅一些。她画的第二部分是湖水，莎拉的湖水更深一些，结果画面的上半部分留下了很大一片空白。

从此刻起，她要创作的已经不再是约瑟画的翻版，而是她自己的画了。在湖面上方空白的地方，她画了一匹马。这匹马骄傲地昂着头，马背上的她拽着缰绳。这是一幅走向未来的画（运动方向向右）。约瑟的画中在树丛后消失的路，在莎拉的画里根本不用画出来。取而代之的是马和骑手在辽阔的草地上奔走。被约瑟活生生分开的原野在莎拉笔下是个整体（见图 7.6）。

图 **7.6**　生动活泼的画

莎拉一边画画一边说：“我要这样画！”她在画纸上思考着令她震惊的消息。她开辟着自己未来的道路，骑着一匹结实的马，手里握着缰绳。她来指引方向！这个 7 岁的小女孩在画中表达的意境是有方向但没有死板的限制，自己有无尽的可能去选择方向。

这个孩子没有放开马的缰绳，也没有被动地坐在马车里沿着预设的路走下去。她可以安稳地高坐在马鞍上，选择任何一条看不见的道路；作为骑手的莎拉也不受画面上小径的限制。在选择另一种解决方法的过程中，莎拉尝试着积极地在画面上转变事态。莎拉以这种方式来悼念约瑟之死。

几个月以后，我才知道，约瑟一家由于他外公的自杀而蒙上了一层阴影。据说他的外婆成了政治事件的牺牲品，具体的情况至今也不清楚。本着“往事再提无益”的原则，大人们没有把这些往事告诉孩子。

约瑟生活在德国的母亲简单给我讲过，约瑟还是个孩子的时候就总是面临生活危机。他很早就发觉母亲的过去有“见不得光的一面”，他非常想弄清楚。12 岁的时候，约瑟知道了真相，那时他就流露出了自杀的念头。这种想法在他后来的生活中仍不断地表现出来。在他 18 岁回到家乡以后，他按照母亲的提示在一个做专职治疗师的亲戚那里接受治疗，因为他有很严重的抑郁倾向。

约瑟在成年之际的生活境况，我们尚不清楚。他的家庭破裂了，他总是陷入阶段性的抑郁思想中。可能他觉得失去根基，无家可归，没有依靠，处在世界的边缘。当他再次回到儿时和祖辈们生活过的地方时，他终于按照计划已久的想法结束了自己的生命。

8 三个有特殊需要的孩子

我在一家私人音乐学校做了五年的志愿工作者，教学龄前儿童音乐、舞蹈和绘画。由于在那所学校里我有机会跟一群8～10岁的孩子待在一起，所以我学会了在某些情况下怎样去对待一两个有特殊需要的孩子。在课程内容和形式上，音乐学校给我绝对的自由。如此一来，我可以制订一个更加注重实践的教学方案，把一些所谓的问题儿童或惹眼的孩子融合到一起。在这所坐落在奥尔夫的音乐学校里的工作经历，为我的某些课题的深入研究提供了巨大的推动力。

我举三个这一阶段工作中的例子，其中不仅有“导演”的问题，也有“即兴”的问题，而所有的问题都是通过孩子们的行为浮出水面的。

埃尔菲：诉说着的沉默

当我在我的绘画音乐小组认识埃尔菲的时候，她才4岁半。她不说也不笑，行为虽然拘谨却很得体，总是穿得很整洁，用长长的金发遮住脸庞。谈到埃尔菲的不苟言笑，她的妈妈解释说，女儿相当害羞。埃尔菲即便说话，也只是在家里。实际上，埃尔菲既不跟我说话，也不跟小朋友们说话，这种状态已经持续了一年了。按她妈妈的说法，她喜欢上课，总是按时上课，而且从不缺席，但从不跟班上的人说一句话。

孩子们都会带一个画夹来，里面放着画纸。这些画纸按照内容、音乐以及游戏分类，目的是加深生活体验。埃尔菲画画非常专心，却不喜欢把自己的作品展示出来。过了几个月，她才把自己的作品拿出来，脸却扭向一边。这是她第一次有靠近大家的举动！

埃尔菲参加了大多数音乐小组、双人练习和单人练习，但前提是她不需要说话，也不必第一个表演。

起初，几个孩子，包括我自己，都尝试使用不同的方式跟她说话或交换眼神，结果都失败了。埃尔菲还是不说话，眼睛看着别处。虽然大家一开始感到很不安，但还是接受了她。渐渐地，孩子们被她的羞涩、拘谨、严肃的气质所吸引。渐渐地，她也很愿意被别人选做伙伴。她为人安静，叫人猜不透，这恰恰引起了别人的好感。几个月之后，小组中有个最麻烦的、名叫曼努埃尔的孩子（关于这个男孩我后面还会谈到），特别喜欢接近埃尔菲。由于一开始曼努埃尔靠近她的举动有点急切，可能会伤害到她，我不得不常常去保护她。然而埃尔菲很快就学会了自卫，很快用眼神划定了她的底线和要求，必要时还用肢体语言无声地和曼努埃尔交流。曼努埃尔成功地把埃尔菲从“罐头盒”里解放出来了。我第一次看埃尔菲微笑就是她和曼努埃尔在一起的时候。我们变化角色练习指挥，用我们自制的乐器（嘟嘟声、嘎嘎声、砰砰声）按照乐谱演奏《危机交响曲》。我们总是在大笑声中陷入一片混乱的杂音。曼努埃尔即使在演奏的时候也无法控制他的好动，他“精神彻底错乱”。这让埃尔菲很高兴，但是她似乎试图把喜悦掩藏在长发后面。从那以后，我经常看到她害羞地微笑，边笑还边把脸转到一边，好像不准他人分享她生活中的喜悦。

大约过了半年，我发现埃尔菲突然跟大家一起唱歌了。起初我只看见她的嘴在头发后面动，因为她总是低着头，所以头发垂下来挡住了脸。后来我听到了埃尔菲的“嗡嗡”声——低沉而普通的哼哼声，配着歌词。也许她在表达上有问题是因为这个？我为这初次听到的埃尔菲有声响的声音而感到兴奋，但小心翼翼地没有流露出来。从那以后，埃尔菲也跟着大家一起唱了，她学歌词很快、很准；而且她的哼哼声居然不会影响任何一个同伴，大家都觉得这再正常不过了。

埃尔菲的优势在于绘画、乐器和旋律。现在她偶尔也会小心地看向我，我很乐于和她交换目光。

在这个小组里，在打击乐器的伴奏下，我跟孩子们学会了许多唱歌和跳舞的游戏。埃尔菲默默地参加着小组活动。她根本不费力去挑选工具，只用自己带来的铅笔和颜料加入到其他孩子当中。除此以外，埃尔菲还有了一套了不起的本事：她一言不发就可以让别人知道她喜欢什么，不喜欢什么。第一学年的最后一堂音乐课上，埃尔菲突然来到我跟前，递给我一幅画并且用深沉而嘶哑的声音说："给你！"两个字，一幅画，整整一年的沉默全得到了补偿！墙倒堤决。

埃尔菲在放假前送给我的画，是一幅画中画（见图 8.1）。她笑着站在画框中央，被七颗巨大的颜色各异的心所包围——除了埃尔菲之外，她的小组里还有七个人！一束花长到了画框外面。她是在象征性地告诉我，她的心和这个小组是连在一起的。五颗较大的心（埃尔菲 5 岁）都是红色的，跟我的名字一样的颜色，刚好位于我的名字和埃尔菲之间。这指的正是我们两个之间日渐发展的友情。在我看来，从小小的画框中生出来的花束代表发展和成长——对埃尔菲来说，这二者都在小组里得到了实现。这幅画帮助她走出了沉默的壁垒。

接下来的一个学年，埃尔菲又来参加音乐小组了。这一次她虽然开口说话了，但还是一贯地言行拘谨。第一年尽管不怎么说话，她还是很好地融入到小组当中，因为在音乐和绘画中的许多互动不需要口头表达也可以完成。她用了一年的时间赢得信任，现在能够与人口头交流了。尽管埃尔菲连续参加了两年小组活动，然而对于她的沉默不语背后的原因，我只能靠猜测。埃尔菲同她那安静而拘谨的母亲之间关系很亲密，这一点在接送孩子的时候我能感觉到。

也许埃尔菲作为家里的长女，在她的两个妹妹出生之前，能够同母亲在非言语交流的层面上形成一种特别密切的关系？而如今，埃尔菲又在幼儿园里，在同伴们和我的身上，重温了一次自己早年的经历。她重新逾越了障碍，验证了一个新的关系链的产生。

图 8.1 友谊[①]

通过回味自己在这件事情上的感受，我发现，在经过了最初的那段短暂的误会之后，不必进行眼神或言语交流，我也可以明白埃尔菲的想法，正如她自己所展示的那样。她无声地告诉我："我愿意待在这儿，请给我一点儿时间。"

埃尔菲散发出惊人的信赖，即便语言交流有障碍，她也能在音乐和绘画的互动中通过无声的交流表达她的情感依赖。

就连组里的小朋友也能自如地领会埃尔菲的沉默不语。时间长

① 图中文字意为"埃尔菲送给罗泽"。

了，他们能通过特定的肢体语言、行动和音乐互动来理解她要传达的信息，某些还可以翻译成口头表述。

埃尔菲在第一学年末尝试用一幅画开始跟我说话，并且愿意参加下一学年的音乐课，这些都告诉我，我做得对。我非常愿意更多地了解埃尔菲的生活，以更好地理解她行为背后的原因。然而，我很清楚，我在这所音乐学校从事的绘画和音乐教育工作是有局限的。同家长的持续沟通并不是这项工作的组成部分，除非家长主动示意可以聊一下，或者事实证明需要与家长进行深入的交谈。埃尔菲的父母没有给我提供这样的机会同他们沟通。

后来我听说，尽管埃尔菲在语言交流上有障碍，但是她的小学生活还是非常顺利，现在她已经读到重点高中了。

曼努埃尔的黑墙

曼努埃尔和埃尔菲在一个小组。他来的时候，假期已经结束三周了。6 岁半的他本来应该去上学的，却由于举止特殊被学校拒之门外。

幸运的是，当曼努埃尔“闯进来”的时候，小组里的孩子们都已经了解彼此的情况，而且互相信任。曼努埃尔刚进门就做着鬼脸朝我龇牙咧嘴地冲过来。真是一头“野兽”!

孩子们围成一圈，惊呆了。曼努埃尔的母亲站在门口，又是指责又是警告，却无济于事。她的干预以失败告终。为了缓和气氛，我让她离开了。

曼努埃尔非常令我头疼。他的头发乱糟糟地立在头上，目光成熟，富有攻击性。他在进攻的时候会发出冷酷而阴险的大笑。在他“兽性”大发时，我有过一次救场的机会。我马上把所有的孩子都“变”成了未经驯化的“野兽”，让他们随着原始森林的击鼓乐在音乐大厅里跳动着，想象自己在冒着生命危险。小组里的恐慌烟消云散了！所有人都龇牙咧嘴，咆哮着，吼着，敲着警报鼓，给某个孩子的举手助威。曼努埃尔还抓住了几个孩子，他既不听指挥，也不顾别人让他小点儿劲。为了不让局势一发不可收拾，我尝试着将孩子们变成马戏团的动物——驯服又听话！他们骄傲地按马戏团的号码对号入座，可是曼努埃尔还是不听话，总是玩弄各种杂技。鉴于他的行为有侵略性，我任命曼努埃尔做马戏团团长，赋予他绝对的“权威”。结果他转而把我当做攻击对象，尝试着向我发动攻势。不过这样一来，至少眼下我不必再担心其他孩子的安危了！

当我们再次围成一圈坐在椅子上的时候——曼努埃尔的座位在我旁边——他的侵略性有增无减。

我试图把自己变成驯兽师和猎人，问其他的孩子该怎么对付曼努埃尔装出来的那些“野兽”。一开始，没人提得出什么好点子。于是，我提出了一个假设，说对付这头难以驯服的“野兽”，要像对付一头体形虽小却强壮勇敢的老虎一样。这时，曼努埃尔可能觉得自己更加孤立了，他突然朝我怒吼着扑来，靠在我的腿上。我跟其他孩子解释，说这只小“野兽”有可能需要保护，因为它还有点怕羞。这时候，大家就都明白了。于是，曼努埃尔像只老虎幼崽一样趴到我的怀里，咆哮着温柔地抓着我，最终以这个姿势放松下来。

接下来的场景是热带丛林和马戏团，只有曼努埃尔不想画画，他要继续做他的“老虎崽子”。这节课一开始，我还不确定这招是否降得住曼努埃尔。不过根据经验，他可以与人交流——哪怕只是作为“老虎崽子”——我发现他是有交际能力的。他的行为表明他对距离和安全感有很高的要求。这个小组的孩子年龄在8岁左右，都很安静很乖，我对他们都很了解，于是斗胆允许曼努埃尔加入进来。在接下来的几堂课里，我要么把这只小“野兽”抱在怀里，要么让他紧贴着我。只有这样，曼努埃尔才能参加到小组活动中来。

偶尔，我会让曼努埃尔回到“虎穴”里，让他照看我的吉他，让他分发小型的乐器，或者递送图画工具。如果我离他稍远一点，之前又没有给他分配某个重要的任务，那么情形就会变得很糟糕。

他马上就会尝试着给小组捣乱，对其他孩子推推搡搡，或者给自己制造危险状况，比如突然爬到窗台上或者爬上摇摇晃晃的椅子。

一开始，曼努埃尔由于自身的困难而需要一份“特殊角色”。渐渐地，我试图调整一下教学计划，给他相对多的自由活动空间，希望他可以适应这个过渡期。尽管这样，我还是觉得这样做对我要求太高了，几乎已经到了我的承受极限。

曼努埃尔的不知足让我想起新生的婴儿。婴儿只有通过近距离的身体接触，才能感到被保护，感受到安全。除非能够获得这种身体上的接近，否则他们总是“控制不住自己”，无论如何也不知道适可而止。

前六堂课过后，上面描述的情况成了相对稳定的习惯。曼努埃尔现在告别了“婴孩期”，朝着“骄横愤怒期”发展。他在激怒小组里其他孩子或惹我心跳加速这方面总是冒出新的点子。看来是时候和他断绝关系了。我对他说，他来的时候我很高兴。尽管眼下我们碰到了麻烦，但这的确是真话。不过，从今天开始，我要保证这个小组的每个孩子——包括他在内——不会遇到危险或受到伤害，我要他明确保证。曼努埃尔犹豫了一会儿，把他的保证“交到我的手里”。接着他就像个全副武装的骑士或印第安牛仔，为最后的保卫战严阵以待。他现在做好了准备，在武器的保护下加入到小组中去。经过对保护对象初期的好奇、紧张、估计和评价，曼努埃尔很快适应了环境。他把小组里的那些在音乐和行动上有困难的小朋友保护在一个被称为“武器库”的地方。

曼努埃尔开始并没有加入绘画小组，我也不想强迫他。要拿起刷子和铅笔，他还需要时间。曼努埃尔在别人画画的时候摆弄乐器，他最喜欢玩我的吉他，我也很愿意让他照看我的吉他。我发现他对待这把吉他的态度非常小心。

大约过了三个月，曼努埃尔第一次加入了题为“动物狂欢节”的绘画活动。我们听着圣桑的音乐，乐曲描述了好多动物。孩子们在一大卷纸上把听到的东西都画了下来：驴子、乌龟、鱼、天鹅、鹦鹉，还有不知道是什么的动物全都在纸上跳舞。曼努埃尔拿着黑色的油彩坐在了纸的一端。

他画上了一大块封闭的地盘，“这是骑士城堡的城墙”，他骄傲地宣称。不过歌词里并没有提到城堡和城墙。孩子们疑惑了一下子，但是随后就按照他们的想象把城墙当做了音乐故事中的一部分。

然而，曼努埃尔似乎对音乐故事没有任何印象，他显然在另辟蹊径。

这节课之后，曼努埃尔经常跟大家一起画画，可是起初只用黑色。他越来越多地给埃尔菲画画，当埃尔菲默默地坐在她的画纸旁时，他会看着她。她把自己的绘画工具推给他，他选了黑色。不管其他孩子们画的是什么主题，他一连好几周画的都是好战的城墙，这些城墙占据了满满一张纸。随着时间的推移，曼努埃尔的墙渐渐被阴影、结构、光照改变着模样。一天，我在一页纸上发现一个结构十分漂亮的墙的轮廓，好像要倒塌的样子。后来他画的墙都是岌岌可危的样子。最后，一幅画上终于出现了一面真正的“断壁”。

接下来的日子里，曼努埃尔扩大了他的主题和颜色选择：在墙的前面、里面或旁边有深红色的骑士战旗。曼努埃尔在画画的过程中总是突然跳起来，打斗比画一番，给画面配音，还发疯般地敲打乐器，好像这样一来可以发泄紧张情绪似的。

在这个过程中，我必须时不时地抓住他，在那些乐器散架之前及时制止他，以保护他和他附近的孩子。在图画风格转变的同时，曼努埃尔开始跟周围的孩子陆陆续续建立了友谊。渐渐地，他还同一个安静、镇定、聪明的 4 岁女孩成了朋友。他们商定找彼此玩。这种友好的关系还影响到了双方的父母。两位母亲打算在以后的日子里和两个孩子一起郊游，彼此照看孩子，就生活的艰难互诉衷肠。这个学年开始我还觉得不太好打交道的母亲，如今敞开了心扉。

我们可以在她们的家里或者在小组里讨论曼努埃尔的问题，一起商量解决办法。

从入学直到年底，曼努埃尔都没有逃过课，他总想当第一。他也需要帮助，以培养自己的耐心去面对挫折。随着时间的推移，他变成了小组里一个活泼的、富有想象力的成员，这虽然不断对我提出挑战，但是从另一方面却把那些安静的、有些封闭的、不大适应的孩子们从“罐头盒”里解放出来，融入集体。这样看来，他在小朋友的集体活动当中起到了重要作用。这一年结束的时候，曼努埃尔出落成一个整洁的、听话的、合群的孩子，居然总是扮演积极的角色。他的“黑色图画期”早已一去不复返了。可惜这段时间的绘画作品都没保留下来。

临别时，曼努埃尔精心地为我画了一张双面卡片，画上有一条绿色的船，甲板上拖着一个形状像宝石的宝贝（见图 8.2）。

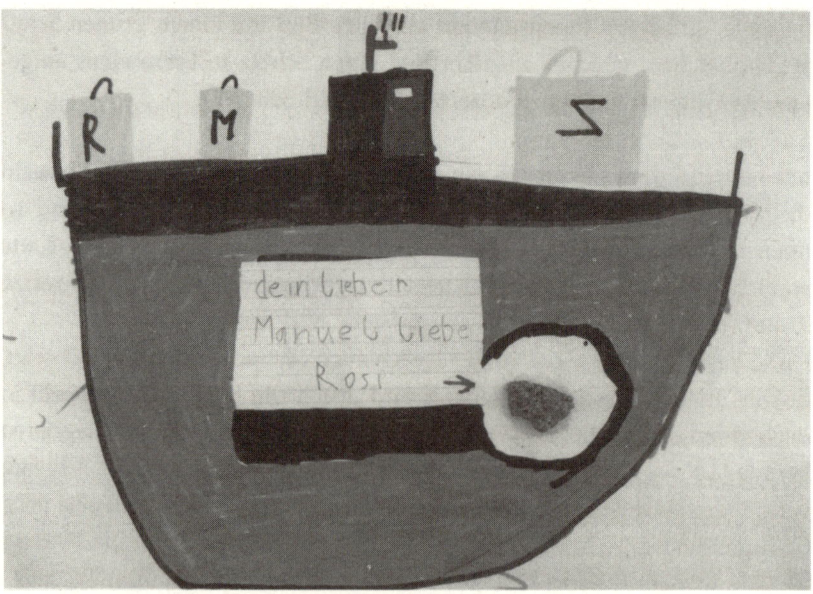

图 8.2　大船[①]

① 图中文字意为“给亲爱的罗泽，爱你的曼努埃尔”。

我把这条船理解为母性的象征，这也许是一艘历经风暴和险峻山崖的大轮船。卡片的另一面画的是我，胸前画着一个太阳。我的旁边是一面黑鼓和一把黑色吉他（见图 8.3）。

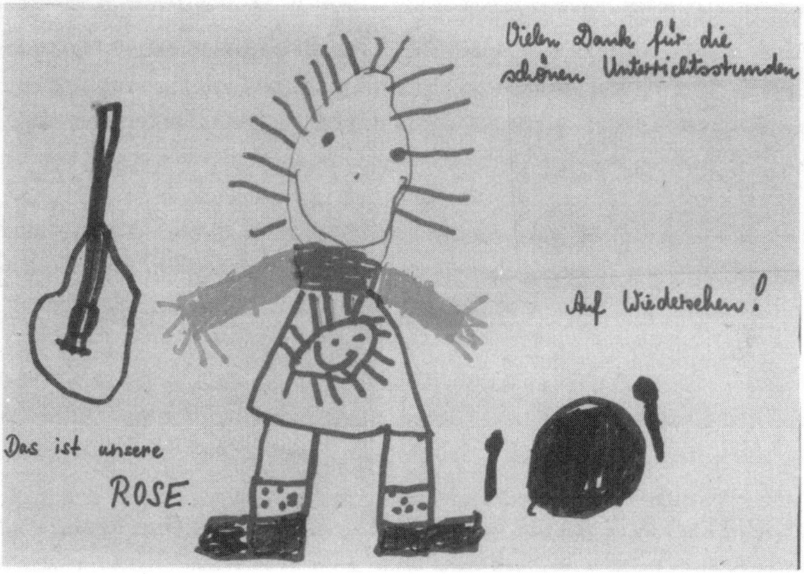

图 **8.3** 老师罗泽①

在我看来，曼努埃尔画的仍然是他自己。这表达了他通过与我沟通，通过音乐——鼓和吉他代表音乐——分享到一份阳光般的快乐，从黑色围墙、从那个孤独的世界中走出来，迈步向前，大胆加入到一个崭新的集体、一个班集体中去。

在这张双面卡片的背面，他把学校画成了红色。我认为这表明他现在能够把自己的能量用在人生新的这一页上。卡片的正面贴着一块曼努埃尔自己编织的彩色卷纸毯——这对他来说是一个特殊的符号，因为当时他还从来没有在手工上显山露水（见图 8.4）。他亲手制作了一幅精致的手工作品，可见费了不少心思。在我眼里，

① 图中左侧文字意为“这是我们的罗泽”，右上文字意为“谢谢你给我们带来的美好课堂时光”，右下文字意为“再见”。

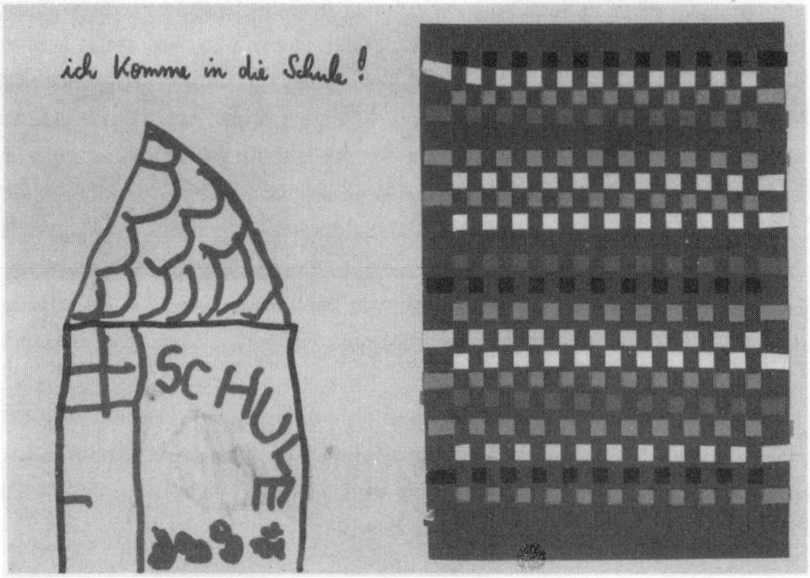

图 **8.4** 学校[①]

这既是他内心的成长也是外在的成长，是联系与合作的信号。

曼努埃尔孺子可教。他幸运地遇到了一位敏感而善解人意的女教师，帮助他走好未来的路，她能激发他的优势，也能接受他的缺点。

在曼努埃尔生命的某段时期，黑色和墙扮演了重要的角色。在那段日子里，他随家人搬迁，失去了原来熟悉的社会环境。他的父亲不常跟家人在一起，他的母亲总说自己和三个孩子像村子里的过客一般，受到别人的苛责和孤立；没人对他们满意，都冷落他们，不相往来。作为家里兄弟姐妹中最大的一个，曼努埃尔必须保持理智，帮助母亲。在孩子自我定位的年纪，父亲的角色往往起着重要的作用。而曼努埃尔正是在这个时候缺少了父亲的关爱；而且由于两个弟妹的出生，他又逐渐感觉到了与母亲的疏离。在这样的情况下，曼努埃尔时刻不停地寻求母亲的注意和靠近是很正常的。

① 图中左上文字意为“我去上学”，左下文字意为“学校”。

通过曼努埃尔的例子，我明白了一个道理：孩子们在图画中和他们在自己的言行中一样，总是会放入能够触动他们的东西和情境。他们下意识地希望自己由此得到理解和接受，并且最终能够在他们目前的生活阶段中获得支持，得到放松。“自命题目”的即兴画可以在这个过程中起到一个路标的作用。孩子们在绘画方面由被动到主动的转变，能起到治疗的效果。

如果我们能够尽早发现孩子们特殊的行为和绘画，并且把这些当做他们对目前生活状态的表达，以及他们对解决生活中无法克服的问题的尝试，那么孩子们就有机会把他们遇到的问题和困难带入图画和言行的情境中，并且在这个过程中克服阻碍，解决问题。我相信，如果能够做到这一点，那么我们所谓的需要治疗的孩子和有行为问题的孩子就会少得多；我们也不会觉得孩子的特殊行为是恼人的表现，而是会把它当做一种加密的密码，带着兴趣去破解。只要成年人能够转变他们的想法和态度，孩子们的“不受欢迎的”行为就会较少地发展或者被定位为特殊行为或者行为障碍。如果大人们要更好地体会孩子们的表达方式和他们的生活意见，那么他们就必须减少对孩子所做的负面评价；唯有如此，我们才能够更多地帮助孩子们融合到集体之中（例如，在特殊教育机构里），而不是让他们被孤立在群体之外。这是由治疗向预防转变的重要一步。

布约恩：生病的树和受伤的蛇

布约恩是一个言行举止都很特别的5岁男孩。他很喜欢一首西班牙儿歌，内容是一棵生病的小树需要帮助。他对这首儿歌有着非常独特的见解。儿歌前两段的内容是这样的：

长在我家花园里的小树，你病了；
树叶纷纷落下，树枝没精打采地低垂着。
来啊，来啊，朋友们，快过来，

小树生病了，它再也不能……
风戏弄着小树，摇动着它，
风戏弄着小树，晃动着它，
仅剩的三片树叶，已经凋零。
快来啊，我们不能再保持沉默了，
小树生病了，我们必须马上做点什么！

在小组里，我们谈论着这棵树怎么了，我们如何才能帮助它。“浇水，用篱笆围起来，抚摸……”孩子们回答说。布约恩的第一反应是“撒下新的树种，把生病的树锯掉”。小组里的其他孩子开始动手描绘如何帮助小树，随处可见“浇水、用篱笆围起、给树加围栏”等养护小树的画面。这些树都显得很繁茂，树荫郁郁，果实累累；四周花团锦簇，鸟语花香，蝴蝶纷飞，阳光普照；几个孩子为干枯的树画上了甘霖，还画了一道彩虹来护佑所有的景色。

布约恩的画却不一样。他的树没有长在土壤里。他的画运用了一种悲伤的灰色。树干悲伤地“不知所措”地垂下去，树上长不出叶子（见图 8.5 右）。布约恩说，这是棵刚种下的树，但是它生病了。他一边说着一边闷闷不乐地翻着画纸，试着画一棵新的树。他的第二幅画用的是同样的灰色。树上只有几片树叶，这些树叶从树干中直接长出来，互不相交，与柄状的树干平行。树冠的顶部没有树叶，长出四个粗壮的光秃秃的树干（见图 8.5 左）。

这棵树缠上了绷带。“它需要包扎，它受伤了”，布约恩喊道。他跳起来，疯了似的穿过房间。画完之后，他几乎无法自持，看起来很有点“不正常”。

这时，我还完全不了解布约恩的生活状态和他的故事。

在这群孩子中，布约恩很快就结识了另外一个言谈同样很特别的男孩。他们俩不断地对小组里的女孩搞恶作剧，在男孩们中间挑起事端，他们总是不安分守己，到处追逐打闹，让人很难与他俩的“负面联盟”打交道。我努力与这两个淘气鬼建立起友好的关系。

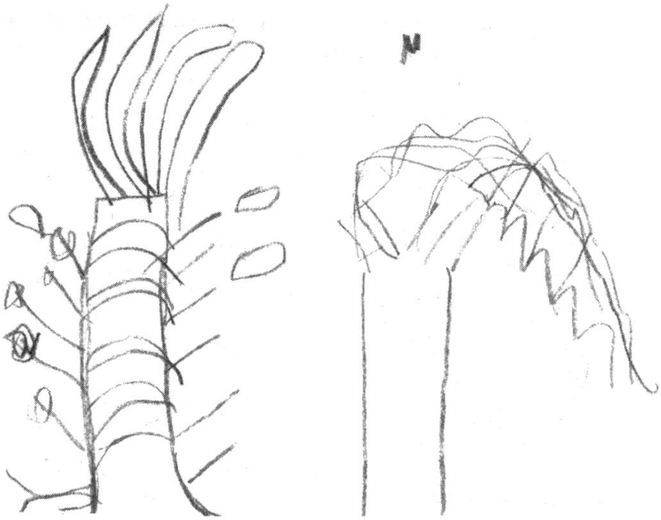

图 **8.5** 生病的树

布约恩的母亲在接送孩子时总是很快地离开，我无法从她那里了解到更多关于布约恩反常举止的背景原因。狂欢节来临时，我们在这群孩子之中也举办了一次“动物狂欢节”。孩子们认真聆听音乐，讨论角色，随着音乐翩翩起舞，进行角色表演，然后画出他们感受到的场景。

在大家放松地聆听时，布约恩没有片刻的安静。当第一段音乐响起时他就跳起来，他随着每个出场动物的音乐模仿动物，一刻也停不下来，还因为自己确实成功的独自表演而兴致勃勃。

在孩子们的画中能找出所有出现在音乐中的、讨论过的剧本和角色扮演中的动物。布约恩画的是一条蛇（音乐故事中唯一提到的有鳞动物），它受了伤流了血。我小心翼翼地问，他的动物是不是被刺到了，布约恩热心地给出答案：“这条蛇朝我扑过来，它受伤流血了。它的情况很不好，但是它没有伤害到我，它是我的朋友！”（见图 8.6）

图 **8.6** 受伤的蛇

“伤害”这个题目再次出现在他面前。画完这幅画之后，他立刻把画递给我说：“送给你！”我小心翼翼地又问了一次，他想不想自己保存这幅画。在我看来这是一幅不一般的画。但他坚持给我这幅画，这对他很重要。到现在为止，布约恩还没有严肃地、坦诚地、安静地、肯定地来找过我，突然我觉得自己就像是他的一个同盟。一时之间，我也不清楚为什么会有这种感觉。我问他能否把这幅画给他母亲看，他同意了，但再三强调这幅画是给我的。

布约恩的母亲 M 女士对于他能坚持画完一幅画而且画的色彩如此鲜艳感到惊讶。我邀请她进行一次谈话，她同意了。此时我才知道，布约恩是个养子，他的生母在感情受到很大挫折的情况下，把当时只有 3 岁的他送给了福利院，并且留下话：“请收留他，否则我只能把他……”在福利院待了一段时间后，布约恩来到了养母的家。现在，养母想为布约恩办理领养手续，但是她的丈夫和两个亲生的孩子对此有异议，因为布约恩还不能适应家里的规矩。而 M 女士十分清楚：尽管有许多困难，但布约恩一定会努力找到自己在家里的位置。他总是要求与其他的家庭成员拥有同样的姓氏，因为只有这样，他才有归属感。

关于布约恩的生母，我只能获得一些暗示的、零散的信息。她显然过着动荡不安，经常更换伴侣的生活，暴力和虐待是家常便饭。布约恩的生母不知道他父亲的名字，她嫁了一个伊朗人，布约恩随他的姓。她很长一段时间都和布约恩住在妇女庇护所，然后隐匿起来，带着儿子离开了家乡。她的第一个孩子也是被人领养的。

在与布约恩的养母谈过话后，我能看出他的画与行为举止之间的联系，能更好地理解他，也很容易看出他在童年时期精神上受过很大的伤害。就像他画里的树一样，他在被领养之前总是被人从亲属关系中孤立出来，与他的亲人分开。他找不到能为他提供养分，让他生根的“土壤”，也没有适合他感情发展的气候——灰色、无根的氛围，代表的是渺茫和空虚。现在我理解了他的那棵悲伤的、不知所措的树，它没有根，孤寂无依，被抛弃，被锯掉，但新的树种已经种下。第二棵树也许应该理解为愿望之树，希望能在他的领养家庭里有新的开始。布约恩也可能在暗示，在他画树的这段时间，他的生母又怀孕了，这个孩子出生后也会被送给别人领养。

第二棵树的伤口上有一个很厚的绷带。布约恩的蛇也流血了。他自己像一个胚胎一样躺在蛇的下面，没有四肢、鼻子、嘴和耳朵。他不能活动，缺少重要的感觉器官，但是他能看得见！借助大眼睛，他感受着周围发生的事情，但仍不能活动。

我把布约恩的画理解为一种呈现在纸上的无意识的信息，一种渴望被听见、被理解的呼救，尽管要承受所有的困难。

布约恩的养母在领养他之后不久又怀孕了，我立即建议她，设法让布约恩去进行儿童心理治疗，因为他对这一新情况显得非常不安和没有安全感。在新弟弟出生之前，他被当地教育咨询机构的一个儿童心理治疗组接收了。

曾经触动布约恩的生活故事，今天仍然伴随着他的每个生活片段（家庭、学校、闲暇、治疗），并考验着他的周围环境。他的问题仍然存在：你们收留我吗？你们接受我吗？虽然我是这个样子，你们还喜欢我吗？

我们教育学家喜欢运用或多或少的“温柔的暴力”，让像布约恩或曼努埃尔这样的孩子融入到儿童的群体社会结构中去，但是却通常对孩子的身世和背景不感兴趣。我们在教学培训中学到的是，我们应该借助一些教育学上的技巧和某些在实际教学过程中学到的方法，将孩子们分类。如果做不到这一点，那么就是我们自己不好，不够完美，或者我们的教育能力与专业技能还不够完善，我们有种失败的感觉。如果不是我们不好，就是这个孩子没有适应能力，不能融合到某一个团体。因此，孩子们常常被建议送到特殊的教育机构。

在这方面，难道不应该在教育方法上有一种基本的思想转换吗？我们的任务不是使每个孩子成为“正常”的群体成员。更重要的是要有意识地去理解孩子们的行为方式，并且将其作为内在心理状态的表现来进行观察；要把孩子们在引人注目的举止中、在游戏和儿童画中所反映出来的场景作为信息来接受和评价，并尽可能地把这些信息转换成一种我们成人能够理解的语言，然后慎重地与孩子进行交流。这样，一个教育任务就变成了一个与孩子建立关系的问题！而建立在理解基础上的关系改变与协调也就最有可能实现。我认为，在这种思想引导下的教育行为是对预防儿童精神困扰的一种贡献。随着“有特殊需求的儿童”数量的日益增长，在这种基础上的专业教育行为具有越来越重要的意义。

布鲁诺·贝特海姆（Bruno Bettelheim）在作品中曾提到过一个有心理困扰的孩子的例子，给我留下了深刻印象，并且长久地影响着我对儿童的看法和态度：

“当一个8岁的女孩去上学（芝加哥的一所特殊辅导学校）时，她认为人们会因为她的强烈攻击行为而憎恨她，处罚她。但是与此相反，老师们告诉她：我们都喜欢你，愿意忍受你的行为，因为我们相信，你这样做是有理由的；我们虽然对你的行为感到遗憾，但是我们尊重你行为的动机。”

9 和妈妈们聊聊孩子们的画

在进行儿童工作的过程中，总会有感兴趣的或感到困扰的父母向我咨询。他们提出的问题大多是令人绞尽脑汁的教育难题，其中有很多涉及兄弟姐妹的关系，还有些与界限有关。这些冲突总是反映在儿童的画中。通过这些画，我能与妈妈们在咨询谈话中进行一种深度的思想交流，并获得有趣的认识。

安娜：转移到图画中的兄弟姐妹冲突

我在一次给学龄前儿童上绘画课时结识了安娜，她当时4岁半。那次课之后，她继续听我的课，包括儿童绘画课和假期项目。在课堂上，安娜显得理智而成熟。上第一堂课时，她非常专心，很引人注目。她与别人不太一样，喜欢深入研究教师推荐的主题，而且特别喜欢绘画材料。所以，她能深入事物的细节，细致地作画。在上我的课之前，她就努力以写实的风格描绘她的图画。

第六天的下午，我带来了画大幅画的水彩颜料和深色彩笔，让孩子们创作“音乐主题画”。之前我已经察觉到，在8个学龄前儿童中，有几个人显得紧张和不自然。在画画时，他们主要选择硬质的彩色铅笔和小幅画纸。完成作品之后，孩子们会互相检查作品并作出评价。这次，我想尽量给孩子们画画的自由，让他们在各种各样的颜料中进行挑选。通过他们的选择，我有时能获得与他们关系密切的生活与事物的重要信息，并尽可能地为他们提供支持。

在这个组中，我有意识地为他们挑选了斯梅塔那（Smetana）的《沃尔塔瓦河》（Moldau）作为题目，以便引导孩子们画出大气而放松的图画。我们把不同规格的纸铺在地上，设计成大家共有的地面。然后，孩子们拿起彩笔和水彩颜料，在画纸上寻找自己的位置。安娜选择了最小规格的画纸（大约 1 米× 2 米）。刚开始，她还有些迟疑，慢慢地，随着音乐响起，她被感动了，开始渐入佳境。孩子们慢慢放松下来，他们开始第一次即兴作画。随着时间的推移，安娜完全沉醉其中，她在画纸上安静地移动着。当音乐结束时，我觉得安娜好像出现在另一个世界。在她的位置那儿，一片大海卷起千层浪跃然纸上。

最后，安娜把自己画在图画的中间位置，画得大大的，被一个大浪托起。然后，她筋疲力尽地直起了身。下课了，妈妈们来接孩子。安娜的眼睛里充满了泪水，她的妈妈 B 女士看到了非常担心，问安娜是不是很伤心。安娜说不是。在这次课结束之后的一次深入谈话中，B 女士告诉我，目前的家庭情况使她觉得很紧张，可能这种紧张感也传染给了安娜。但是自从上次课之后，安娜在很大程度上得到放松，表现得柔软而满足。

几个月后，B 女士与我谈论了安娜过去画的许多画。她发现，安娜这几个月在画她的弟弟时总是“忘记”画手臂，或者更确切地说是双手。她想在我这里寻求一个对这种现象的解释。

B 女士拿来了安娜的一些画。在其中的一幅画里，安娜嫁给了她的弟弟：她把自己画成公主的样子，比她小 3 岁的弟弟被画成王子的模样。但是，弟弟没有手臂（见图 9.1）。在其他的画中也有类似的情况，例如弟弟曾经被画成没有双手的婴儿。

B 女士自己无法解释这种情况，因为安娜一直是一个认真仔细的孩子。画画时，她一般会数所画人物的手指数，并自觉地补上缺少的部分。只有她的弟弟在画中是个例外。

B 女士说：“两个孩子明显互相喜欢，关系很好。”从一开始就是这样的，早在婴儿时期，弟弟就受到姐姐的特别疼爱。但是，在

图 **9.1** 没有手臂的弟弟

小弟弟出生之后，安娜对妈妈却变得不同寻常地好斗。在接下来的谈话中，我请求B女士试着把她讲述的内容与安娜的图画联系起来。她认真想了想，然后问道："……这两个孩子站在同一个平面上，身材一样高。这是不是暗示着安娜平等地看待她的弟弟，并且把他当做自己的伙伴？"然后，我们把弟弟没有手臂和双手的情况看做一种重要的提示。在谈论这两个孩子的日常关系时，B女士提到，弟弟经常会拿走姐姐桌上的东西，然后这些东西便"永久性地"消失了。在那之后，安娜总是显得很失望，但是没有表现出她的怒气。自从她的弟弟学会走路之后，安娜开始非常小心地保护自己的领地不受他的侵犯。B女士仍然感到很困惑，因为安娜一直是那么友好和善解人意的孩子。突然，她灵机一动，微笑着说："如果弟弟没有了手臂或双手，他就不能拿走她任何东西，是这样吗？"这种在玩笑中表现出来的猜测，变成了"啊哈，原来如此"。B女士原本担心安娜的绘画水平退步了（因为她在画中突然忽略了重要的身体部分），但是现在看来，这种担心是没有必要的。不过，研究孩子的画帮助B女士了解了这种“魔法的实践”。她现在知道，孩子们借助画画能够自我解压，能够在画纸上寻求问题的解决。如果这些冲突能被孩子在画纸上传递或表达出来，甚至幸运地得到大人的理解，那么冲突就会像上面的例子那样迎刃而解：图画一方面释放了绘画者，另一方面宽恕了她所爱的伙伴。妈妈不必担心小弟弟会受到伤害。

缇娜：不希望增加家庭成员

缇娜的妈妈来跟我谈话，因为她4岁半的女儿总是显得很害怕幼儿园的门槛。Z女士带来了一幅缇娜的主题画。这幅画是缇娜根据妈妈的要求特意为这次谈话创作的。缇娜自主地选择了她的家庭作为画的主题。她首先画她自己，妈妈紧挨在一旁，房子在左边，“公主的宫殿”在右边，右后方的边缘站着爸爸，7个月大的妹妹没在画面上。

Z女士对这幅画不满意：如果画的是家庭，就应该是全家人！她建议缇娜把妹妹画上去，这样家庭才完整，小妹妹毕竟是家里的一分子。Z女士提议，把妹妹放在缇娜和她之间！结果缇娜很生气地说：“画上有花和我们，没有妹妹的位置，而且我也不愿意这样！”Z女士使尽浑身解数，劝说缇娜在其他位置把妹妹加上去，每次缇娜都很生气地喊“不”，接着摔上门带着她的画躲进她的儿童房里。半小时后，她又回来了，怒气已经消散，妹妹也画上了，画在了房子里面（见图9.2）。

由于Z女士带来的这张画，我和她的谈话内容从原来计划的缇娜害怕幼儿园门槛的话题转向我们没有准备的姐妹关系问题。我们共同观察了缇娜的这幅画，然后就画的内容进行了交谈。在谈话过程中和谈话结束后，Z女士把她的想法用关键词记录下来，并且试着对图画进行了以下的阐述：

图 9.2　妈妈、妹妹和缇娜

"妈妈是最完整的，也就是说，妈妈对缇娜来说是最重要的。她是唯一有手臂的，也是最生动的。妈妈和缇娜都有纽扣，这些纽扣可能代表着亲密和联系。另外，妈妈与缇娜在同一个平面上，这也许表示平等、同等重要和意义重大。

她们之间开满了花（缇娜的父母在花园里种植了许多花草）！妹妹在房子里，与妈妈和缇娜隔离开，不会打扰她们的关系。但是与妹妹相关的经历似乎是重要的和正面的。妈妈能够'听到'妹妹的情况，而且关心地'听着'。妹妹和爸爸也有耳朵，但不一样大，这也象征着彼此的关系。此外，爸爸和妹妹处于画的同一个平面上！缇娜也许体会到（或期望）'妹妹＋爸爸'与'妈妈＋我'的关系。爸爸在公主的宫殿后面，这可能代表空间上的分离，是去年分离情形的再现。爸爸显得很友好。太阳直射在妈妈和缇娜的头上，表示这种关系对她来说是最重要的。可能希望没有其他人靠近妈妈。"

Z女士在这幅画中找到了一种途径来思考缇娜在家庭中的位置与关系，以及她自己在各种关系中的位置。她觉察到缇娜希望离自己更近些，最好没有妹妹，这引起了妈妈的高度重视。缇娜在画中表达了想与妈妈的关系更亲近的愿望，这一点通过我们的谈话而变得明了。

在画画的过程中，缇娜流露出因为妹妹占据了家庭中的首要位置而感到的失望之情。这种失望就表现在缇娜明显地在全家画中忽略妹妹的细节上。

缇娜面对着嫉妒与对抗的问题，这让她在画画的时候抱有一种愿望：只和妈妈和爸爸在一起，妹妹干脆就不必存在！我们能够感受到缇娜对恢复以前家庭状态的愿望和需要，因为以前缇娜是家里的“唯一”，她不必与妹妹分享父母的关注与爱。

绘画给缇娜提供了一种宣泄对妹妹不满情绪的方式：她不必故意地直接攻击比她弱小的妹妹——妹妹直接被忽略掉了！

对缇娜的全家画的分析表明，当我们把自己对完整与“完成的”图画的观念强加给孩子时，我们通常是多么草率。大人的观念对孩子的影响可能会让孩子们对自己非语言的倾诉需求、恐惧与困境感到不理解，并且相应地做出过激反应或者过于顺从。那些在生活关系中有类似经历的孩子们总是会不断地尝试倾诉他们的负担、压力、恐惧和危险，正是在这些不断重复的失败尝试中，他们的行为才变得“引人注目”。

在这样的背景下，Z女士找到了缇娜总是在幼儿园门口与她难分难舍的问题根源：进了幼儿园的门之后，缇娜就不得不让妈妈单独和妹妹在一起，她觉得自己被遗弃了。

通过与安娜和缇娜的妈妈讨论兄弟姐妹关系的问题，我得到这样的认识：孩子们明显在画中省略掉的东西在大多数情况下都有极其重要的意义，有更深层的含义。因此，我们应该让孩子自己来决定，他们什么时候画完，画中应该出现什么，应该没有什么。只要我们以一种坦诚的态度去对待这些“倾诉”，我们就很容易接收到孩子们给出的安静的信息，与他们进行一次感同身受的谈话。我们应该尽可能地帮助孩子放松，让他们有意或无意地在画纸上经历冲突（画纸上没有任何人会受到伤害），并且通过绘画来处理冲突。但是，家长们对这些现象一般不太了解，也可能没有时间往这个方向去思考。我们经常会鲁莽地进行“大人们的控制”，这可能会中断孩子在灵魂深处对重要信息的处理，并且增加我们与孩子相处的难度。

乌莉：牵着我的手

据A女士讲述，她4岁半的女儿乌莉在弟弟出生后的6个月时间里，不停地制作了大量的“图画礼物”。她把这些画收集在一个文件夹里送给了妈妈。对于刚出生的弟弟她非常有攻击性。A女士不能让两个孩子单独在一起片刻，她总是担心婴儿会受到伤害。乌莉对于家庭成员的增加有一种怨气，对她来说，弟弟是不受欢迎的，因此A女士不得不总是为小儿子提心吊胆。

A女士过去经常跟我约见。乌莉知道我对儿童画感兴趣。当乌莉无意中得知她的妈妈与我约时间会面时，马上画了一幅画让她妈妈带上。在画画时她说：“这是弗莱克-班格尔特女士（我首先被画成左边的形象）。”接着在右边一侧：“这是我，旁边是你，妈妈（我现在变成了乌莉的妈妈）……你牵着我的手。旁边站着贝恩德（乌莉11岁的表兄），他已经长大了，不需要牵手，他要自己站着。”（见图9.3）

乌莉在我、她的妈妈和她自己之间打造的“桥梁”富有启发意义，这个孩子是不是已经估计到，我们在谈话中会借助她的画来解读她的信息？乌莉在画中象征性地表达出的愿望——手被牵着并被指引着，可以理解为对保护与引导的需求；即便她是个子比较高、年纪比较大的那一个，她仍然可以是小孩。这种愿望通过这幅即兴画变成了我们谈话的内容。乌莉利用这个机会，通过我作为“传播

图 9.3　乌莉和她的家人

者”，把她的秘密愿望告诉她的妈妈。我们在乌莉的画中发现了她对靠近的需求和希望与妈妈关系密切的愿望，这可能是隐藏在乌莉攻击性行为背后的原因。

A 女士回忆起来，乌莉在弟弟出生前画了很多画，在最后几幅画中的一幅里，妈妈被画成了孕妇，肚子里的婴儿清晰可见。她身旁有一个冒烟的核电站，与肚子里的婴儿用的是同一种颜色。A 女士当时参加了一个积极反对核电站的团体。乌莉参加过几次示威游行。那里进行的集会和讨论总是关于“危险与威胁”。A 女士现在猜测，乌莉不仅是被示威活动的情感氛围所感染，同时她也因为妈妈的怀孕和生产而觉得非常没有安全感。她可能试图借助对弟弟的否定来回避这种威胁感。

在这里，乌莉的例子与缇娜的例子相似。兄弟姐妹之间的冲突产生了影响：孩子感觉自己不再是第一位的，觉得自己被忽视，他们感到失望和愤怒。接下来，他们开始害怕不能保护自己的领地，或者什么东西会被夺走，而且必须与别人分享最爱和最重要的人——妈妈。他们感到自己可能已经不再像以前那样重要。

乌莉在图画中很清楚地表示她现在需要什么。她想要的不是无休止的责备与要求，让她在弟弟面前表现得像个和善而友好的大姐姐；她需要的是一只握着她的手。除了“长大”的感觉以外，她需要时不时地也被允许“还没长大”，并且获得帮助。

纳塔丽：肃清家庭混乱

有时候，我会让一些想借助图画来了解孩子的父母自己画一幅画，做一次涂鸦，进行一次勾勒，创作一幅随笔，或者闭着眼睛作画。这时我总是用一段放松的或是轻快的音乐伴奏。我和Y女士就是这样做的。她的两个女儿在我这里上了8天的绘画课。课程开始时，我们进行过一次探讨。当时Y女士来接3岁半的小女儿雷奥诺尔，正在贬低她画的一幅画。那是一幅“原始画”，雷奥诺尔花了很长时间才画好。我看到了，便向Y女士阐述了这个绘画发展阶段的特殊性，并邀请她参加一个相关主题的报告。她如约而来，而且对儿童绘画发展的其他信息很感兴趣。

每次我看见Y女士，她总是显得紧张而兴奋。因此，在会谈开始前，我建议她借助“跳动的粉笔”让自己安静下来。她拒绝了这个提议，说她不会画画，而且从上学起她就不愿再碰彩笔。在我向她描述了类似的经验，并且自己开始涂鸦之后——在这里轻音乐起到了激发的作用——Y女士迟疑地拿起画笔，用彩色颜料先画了些小卷曲，然后把这些小卷曲画成了四张带笑的“月亮脸”（“这是我的孩子和我”），最后她在画的周围画了一个红色的框。画完之后，她显得平静多了。

不久，Y女士带来了她刚上学的6岁女儿纳塔丽的一幅画，问我是否能解释纳塔丽为什么画得那么“强制性地详细”。画中的一切都布置得非常精确，树上的果子都显得“方向一致”（见图9.4）。

纳塔丽画的许多画都特意加了边框，这让Y女士很不理解。她的小女儿雷奥诺尔就完全不一样，她的画可以说是一团混乱！

图 9.4　布置整齐的画

我问她孩子们在家是怎么打发时间的，她说："三个孩子——最小的1岁半——共享一个儿童房。他们总是争吵，因为雷奥诺尔老是乱拿乱放，把纳塔丽布置整齐的东西弄得很乱，还经常不经同意乱用纳塔丽的东西。小弟弟现在又到处乱爬！"在这种情况下，纳塔丽整齐的"框架画"正是她对界限需求的表达：她希望保护自己的领地并防范外来的侵犯。这种解释让Y女士很容易理解。她经常要用尽全力来控制扩大的混乱，经常感到力不从心。她的家庭状况也受不稳定因素影响：她的丈夫失业很长时间了，靠打零工挣来的钱养活全家。他是外国人，在劳动力市场上的机会很少。他们一家作为"外来人"生活在一个深受保守势力影响的村庄里，靠社会救济为生，这些状况使这个家庭"脱离了框架"。生活的压力也影响了婚姻生活。Y女士经常想与丈夫离婚；他们俩现在不能在放松的氛围中进行交流。她发觉，在画画的时候，她只画了自己和孩子，丈夫并没有出现在画面中。

结婚前，Y女士学的是牙医专业。做了母亲之后，她就一直没有机会再从事这个职业。Y女士对心理研究特别感兴趣，她最大的愿望是通过心理学的引导和自己的经验，学会更好地理解自己和她的孩子们，但是这个愿望在目前的生活状态下无法实现。另外，由于她的丈夫不配合，进行免费的家庭咨询或夫妻关系咨询的途径也被堵死了。

Y女士特别期望得到大女儿纳塔丽的支持。她以前从没有想过，纳塔丽会在图画中表示自己也需要保护，因为相对于其他两个孩子，纳塔丽总是显得非常理智和独立。

将纳塔丽整齐的图画与Y女士对家庭生活状况的描述联系起来，我们可以猜测，这个女孩总是在画纸上寻求建立秩序。所有的一切都应该有自己的位置，拥有外观和内部的结构，不应该掉到框架外面去。当Y女士的目光回到她在谈话开始时画的那幅画时，她发现，她无意识地给自己的画添加了一个框架。她陷入了沉思。

我和Y女士都认为，应该先想出一个很小的可行的步骤，来缓解纳塔丽和整个家庭的压力。令我吃惊的是，Y女士首先决定，给三个孩子准备三个画夹，并且把它们安放在固定的位置。因为她知道她能通过孩子们的画来了解他们，同时也更了解自己。

在我后来与Y女士碰面时，她说她还是像以前一样常常会陷入家里的混乱之中。但是，认真布置的画夹却像“圣物”一样，她总是能在同一个地方找到它们，而且三个孩子都能保持画夹摆放的秩序。在那次谈话之后，每个孩子画的每一幅画都被郑重其事地保存起来。有时候，说不定哪幅画就会引发一次重要的思想交流。建立秩序的第一个步骤被成功实施，并且维持至今。

从这个家庭艰难的生活状况来看，这个小小的步骤所带来的变化几乎是微不足道的。尽管如此，我还是相信，人性层面上每一个小小的进步都能够带来积极的影响，这种影响能够削弱持续的挫败感。如果不断地经历失败（混乱的状态一再失去控制），那么人们的自我评价就会降低。随着时间的流逝，会产生一种先入为主的恶性循环（“这件事我永远也做不成……”）。如果这种负面的循环在某一个环节上通过一种不断重复的成功（保持画夹的秩序）被打破的话，人们就会产生一种积极的态度（“我做到了……”）；这种思想的转变通过慢慢的累积很可能带来进一步的成效。正因如此，我想在这里再次强调“小事”的价值。

对于纳塔丽来说，她的妈妈的反思是一种放松和解脱。Y女士已经开始认真考虑，她总是要求女儿要理智，要支持家庭，要成熟，这样的要求是不是太过分了。通过画画，三个孩子对认可、评价和结构有了一定程度的了解，这一点是很重要的。

蕾娜：胳肢我，保护我

在家长会上，一位年轻的母亲带来了她4岁半的女儿蕾娜的一幅画，画的是一个带着两只眼罩，有着类似阴茎的上肢的“女海盗”。据蕾娜说，那是一只被举起用来打仗的拳头（见图9.5）。当蕾娜在周末闯进父母的卧室“袭击”她的父亲时，她看到了爸爸的勃起状态。她马上察觉到，她闯进了一个父母想独处的私密场景。于是，她带着画具回到了自己的卧室。她在画上的本能反应是两个戴在女海盗眼睛上的眼罩（现在她什么也看不见了）和看上去很危险的“阴茎拳头”。

蕾娜的母亲说，蕾娜在情感上直到现在还很依赖她，并经常寻求身体上的亲近，如亲吻和拥抱。最近一段时间，她喜欢早上爬到被子里靠近她的父亲，但并不是为了表示亲近，而是上演好斗的挠痒痒游戏。在这种吵闹的游戏过程中，蕾娜经常会哭起来，因为原本让人高兴的胳肢变成了很痛的掐。为了这件事，M女士与她的丈夫M先生深谈了几次。她建议丈夫，如果蕾娜表示够了，就应该立即停止挠痒痒。因为蕾娜面对比她强壮很多倍的父亲，是没什么抵抗力的，到后来她会开始掐。但是，M先生还是觉得女儿的攻击很兴奋，把她的防御行为当成了继续玩的要求。于是，本来充满乐趣的游戏变得严肃起来。据M女士猜测，蕾娜的父亲表现得过于粗野，他和女儿都不了解对方的“疼痛界限”。他们总是把彼此弄

图 9.5　危险的女海盗

疼，结果本应惬意的周日早晨的饱睡时光常常以争吵结束。有时，M女士觉得父女俩玩闹得太过分了，想要打断他们，M先生会责备她，认为妻子的这种保护性的干预是对女儿过分的呵护和控制，对他也显得不公平，毕竟是蕾娜让他不得安宁的；而且他认为他们父女俩能够控制这种事情。在与M女士的谈话中，我发现她在这种情况下没有安全感。一方面，她不想阻止女儿接近父亲的尝试——除此以外，这种亲近的尝试几乎只指向母亲一个人。另一方面，她的丈夫要尊重女儿的身体界限，这对她来说很重要。根据M女士的描述和那幅危险的女海盗画像，我建议她试着在轻松的氛围中与丈夫谈话，并注意以下几方面：

● 现在，在蕾娜与妈妈保持的亲密关系中产生了一条分界线。孩子对父亲呈现一种柔情又好斗的倾向。所谓的“恋父情结”会在每一个发育正常的 3～5 岁女孩身上逐渐显现出来，在这方面蕾娜显得比较晚熟。家庭的三角关系有时会演变成对抗、排斥和嫉妒。独立地处理这种情况对于所有家庭成员来说都并非易事。

- 父母间的性行为是成年人的事。重要的是要坦诚地告诉女儿，这样女儿就不会觉得被排斥或者产生恐惧，因为她对于自己看到或听到的事还不能理解。
- 蕾娜的身体界限在任何情况下都要小心。女孩通过身体界限建立与加强自信："我的身体听我的，我的身体我做主。"
- 接近父亲，希望获得父亲的时间与关注的愿望同时还表现在非身体的层面上。

我认为，围绕这个问题的谈话是很有必要的，因为几乎所有的家庭都或多或少地存在三角关系的平衡问题。父亲、母亲与孩子纠结在一个生命阶段中，因为是第一个孩子，他们到目前为止还没有积累任何的经验。蕾娜的母亲说出了她的感觉，她尝试为整个家庭找出一条可行的出路来释放女儿的压力。

在我们的最近一次谈话中，M 女士对蕾娜去亲戚家串门时告诉她的一个噩梦感到十分担忧。夜里，蕾娜被噩梦吓醒，她哭着说她梦到两个男人站在身后想抢劫。她纵身跳进海里，一直游到一个带有"水下闸门"的房子里。在那里，她幸运地找到了一扇挂着"仅供孩子使用"标牌的门。她迅速地从下面游过去到达了房子里的游泳池。她的父母正在那里游泳。她得救了！

在寻找对这个梦的解释过程中，M 女士想起了白天发生的一件事：那天下午，蕾娜和一个 M 女士不认识的男人——她表妹的新男友在一起玩得很开心。他们玩的是挑衅和对抗的捉人游戏，与蕾娜跟父亲玩的相似。蕾娜总是被对方抓住挠痒痒，还掀起了裙边。蕾娜对陌生人表现出的信任令 M 女士感到惊讶，因为之前她对陌生人总是很胆怯。M 女士看着他们玩闹，越来越不安。她试着干预了几次，但是都没有效果。她觉得两个人玩得有些过火，但她不想成为"游戏的破坏者"，所以她还是放任让他们玩。结果，那天夜里蕾娜就做了这个梦。

M女士在谈话中说，她担心自己错误地教育了女儿。一方面，她怀疑自己把恐惧不自觉地传递给了女儿；另一方面，她完全没有顾及蕾娜孩子般的诱惑力，同意女儿与一个陌生的男人饶有兴致地玩身体接触的游戏，这让她觉得很不安。

蕾娜的梦境表明M女士的担忧并不是完全没有道理。对蕾娜来说，她在游戏中越过了她在梦中寻找的界限。她的梦好像在说，她在当前的发展阶段多么需要父母的保护。在这个时期，她要走一条陌生的路，需要变得越来越自信。在这个过程中可能会有危险出现，这一点我们能从蕾娜的梦境中感受到。

门上挂着的“仅供孩子使用”的标牌也有其象征意义，这个细节清楚地表明，遵守成年人的界限是很重要的。蕾娜的梦还暗示，父母有责任保护孩子的领地！

女儿正用充满诱惑的方式验证自己的身体界限，而自己在面对性别发育日渐成熟的女儿时没有安全感，这种不能好好教育女儿的恐惧令M女士十分不安。通过对女海盗画像的解析，M女士在我们的谈话中研究着蕾娜接近男性同时又保持距离的尝试。她了解了女儿在与父亲或者其他成年男性亲戚和熟人进行身体打斗的新乐趣，并且找到了她的立场。

我认为，蕾娜与她同龄的固定男性玩伴之间的关系在这一时间也产生了类似变化，这一点是十分重要的。现在，力量的较量，包括胳肢、追赶、打斗，对孩子们来说变得重要起来。在此之前，两人还喜欢在母亲身边玩耍。但是现在，他们偶尔会躲藏起来窃窃私语，不断地“秘密”扮演医生给婴儿包扎的游戏。在这种身体接触的游戏中，他们不想被打扰。两个孩子也学会了有意识地从异性身体中了解对方。游戏的最后，约定以后两人要结婚是永远的结局。

蕾娜的母亲在我们的几次谈话中逐渐明白，她的女儿在身体发育过程中会渐渐地偏向与男性接触。在这个阶段，她一方面需要与信任的朋友游戏时的自由空间，另一方面也需要父母在她与成年人打交道时提供保护。她想彼此亲近，想进行对抗式的身体靠近，尝试找到和超越界限，同时也知道接受自己的界限。对这些内容的深入讨论使得M女士能够在目前的成长阶段为女儿提供支持。

M女士与丈夫进行了几次谈话，告诉他在与女儿的游戏过程中应该接受女儿的“不”和“停”。只有这样才能让女儿坚信“我的身体是我的”，这一信念对于她的人格发展有着重要的意义。

M女士也与女儿进行了谈话，她告诉蕾娜女孩对自己的身体有决定权。她要蕾娜学会清楚地表示什么是她认为好的，什么是她不喜欢的，什么对她来说太过分了。同时，蕾娜也要明白，她对父亲的攻击乐趣和部分的伤害行为是会产生后果的：他会回掐！M女士很小心地告诉女儿，如果和一些并不了解的人——有时候即使是看来可以信任的人——进行过于信任的身体接触，可能会存在身体“被利用”的危险。

借助蕾娜的画，M女士最终成功地处理了一个在她自己的教育中羞于启齿，在其他场合又难以触及的难题。

第四部分

妈妈画画

——作为沟通媒介、关系桥梁和教育手段

只给我讲道理和概念是不够的，它们必须渗透到我的生活中去，而这些只有通过我自己的行动才能实现。

——福利特

(M. P. Follett)

10 从纠结到解脱

——一个小组过程

接下来介绍的画来自妈妈们和幼儿教师们，从中可以看到她们用图画进行小组教学的经验。研究这些图画的目的是为参与者创造一个了解儿童的过程，这个研究过程更关注人际关系问题，而不那么重视幼教问题。这项工作的重点在于儿童和成人的关系。

这种工作方式能让人感觉舒服，因为通过图画这种媒介，我们可以在很大程度上独立地去分析和理解孩子们的画，避免直接对质可能会带来的含沙射影和罪恶感，并且激发自己的直觉，感受自身的创造力。

以图画小组的形式开展活动，其目的是预防而不是治疗。即使小组的教学只取得很小的成绩，我们也会感到满足。图画小组试图为参加活动的妈妈们创造条件，让她们学会有意识地构建与孩子（不管是亲生的还是领养的）和伴侣之间的共同生活；让她们增强自省能力，更加善于自主支配与别人的关系。

这种做法的目的在于寻求儿童行为的内涵与原因，分析并找出人际交往中语言表述和非语言表述中隐藏的信息。在这个过程中，创作的瞬间就被赋予了特殊的意义。

为保证小组工作的成效，妈妈们应该将在小组中领会和学习到的内容应用于日常生活中。仅仅通过简单的教化就想实现行为方式的改变，这几乎是不可能的，因为知识的内涵要远远多于简单地接受信息、数据和经验。

经验包括亲自参与和亲身投入。其中亲身投入是指一个人把他的思想、感觉与需求带到学习过程中，并与那些和自己切身相关的话题产生共鸣。只有学习的内容与学习者日常的烦恼和琐事联系在一起时，学习才能说是卓有成效的。因此，下面我介绍的小组工作案例都与参与者的日常生活有关，同时考虑了她们特殊的需求和话题，切合小组成员的经历，有助于激发她们的自主性。

第一个案例借助一位画画的妈妈的思想发展以及她孩子的画，介绍了小组工作的四步流程，其中我们总结了问题的特殊性并进行了最后的阐述。这个案例讲的是可能出现发育迟缓的孩子的问题。在这个案例中，妈妈通过创作图画的形式参与活动，她表现出了自己的担忧，最终又从忧虑中解脱出来。案例中还介绍了儿童画作为沟通媒介在小组活动和家庭生活中的作用。

第二个案例是一次在下午进行的家长会。在会上，我们用一位妈妈的画作为教育手段，来勾勒和解决教育问题。通过妈妈的画，我们能“搭建起”一座通向孩子的关系桥梁。

七位母亲和幼儿园老师围坐在一起，她们用五个晚上的时间就大家带来的儿童画进行讨论。这个小组的目标是共同深入理解儿童的表达能力。这些女士是在一次报告会之后自发联合起来的。就像我在前面的章节中讲述的一样，她们在这个报告会上开始探究“涂鸦与原始画”和冲突画中的“秘密”。

“我的儿子是发育迟缓吗”

第一个晚上

第一个晚上，在参与者说明了她们的预期并互相认识了之后，我也说出了我对这个小组的要求。我希望为她们提供支持，帮助她们丰富自己的感官，以更好地感受儿童丰富多彩的梦幻世界；帮助她们理解孩子们通过语言或非语言的方式表达的信息。而小组成员也应该利用这次机会重新唤起大多数成年人已经丧失的想象力；在分析儿童画的过程中学会更专注地把画里的东西“看进去”和“听进去”。活动小组的名称是“欣赏和理解儿童画”，这让参与者很自然地期待我对这些儿童画进行分析。但是与此相反，我建议参与者尽量避免对图画的具体内容进行标准化的阐释。她们应该更多地学会把儿童画理解为一个特定发展阶段、一种现实的生命力或者一个未经处理的事件的表现方式。这样就要考虑现实的家庭与生活状况，尤其是现在或以前的生活困扰以及孩子的个人发展状态，包括兴趣、天赋、偏好、恐惧以及困难等。如果这些因素都考虑到了，我很乐意去研究这些画。在这种情况下，参与者自己才是专家，因为她们最清楚自己孩子的状况。

我建议参与者借助一个小的共同绘画练习打造一座与孩子沟通的桥梁，释放她们每个人或多或少隐藏起来的创造力。小组提供游戏的颜料和纸张，就像给孩子们准备的一样——没有成绩压力，不要求画得很好看，也没有评分。另外，小组还提供一盘儿童舞曲的磁带作为辅助。参与者在这样的环境中画画，然后用自己的画在小组中进行自我介绍。

大家进行了短暂的争论之后——有几个参与者要求讲理论和演绎——都很欢迎这个提议。大家热情高涨，一致同意每次聚会时都一起进行简短的绘画练习。我对每个练习的主题和目的进行了总结（见表 10.1），您可以参考进行模拟练习。

表 10.1　妈妈们与教育者的小组绘画练习[①]

第一个晚上	第二个晚上	第三个晚上	第四个晚上	第五个晚上
单独练习： “伴随着音乐用最喜欢的颜料来作画。在图中应出现名字。”（即兴绘画/油性蜡笔）	单独练习： “闭着眼睛让画笔随着音乐起舞。睁开眼睛后根据兴趣与情绪把创作的涂鸦补充完整或者保持原样。”（油性蜡笔）	伙伴练习： “共同创作一幅画——在不说话的前提下。”（配合绘画/水彩颜料、油性蜡笔、彩色铅笔、涂盖颜料）	小组练习： “小组成员发挥想象力，共同创作一幅故事画。”（蜡画色料）	单独练习/小组图： “每个人在各自桌前用不同的色彩和材料以各种形式画完一幅完整的画里的一部分。”（油性蜡笔、水彩颜料、彩色铅笔、炭笔、土质涂料、蜡画粉笔、涂盖颜料）

① 参考了马林（Tomalin）、邵维克（Schauwecker）与肖腾洛尔的观点。

续表

第一个晚上	第二个晚上	第三个晚上	第四个晚上	第五个晚上
意义： 1. 统一题目“儿童画的观察与理解”。 2. 反思与放松（解压练习）。 3. 寻找隐藏在内心里的孩子（孩子和自己）。 4. 找回自己被埋没的创造力。 5. 体会自己在游戏过程中（绘画）的感受，作为以后讨论的基础。 6. 以自我活动的体会作为基础；为体验学习创造机会。	意义： 1. 解压、释放，感受孩子们如何绘画；显得“无意义的东西”通过绘画过程中的乐趣而变得富有意义。 2. 最后成品是什么并不重要，重要的是追寻踪迹，培养对移动、改变以及转换的兴趣。 3. 从内心到表象无意识地去探寻孩子的思路。有时需要一个阀门。	意义： 1. 感受合作、协作，共同开展游戏。 2. 填满自己的空间，探寻界限，确保自己的范围，要坦诚，学会自我界定。 3. 认识自己有多少空间（被动），占的是哪个位置（主动），进行试验或体验。	意义： 1. 在小组中自发地敞开自己的想象世界，允许“疯狂的事物”出现，创造出乎自己意料的东西，创作令人深信的图画故事。 2. 随着在纸上“演绎”的故事，儿童画也随之产生、发展、成熟、改变。	意义： 1. 认识各种绘画材料。 2. 适应不断快速改变的事件（不同的绘画材料和图画内容）。 3. 给其他参与者一份“告别礼物”。

爱斯特在第一次练习时自发创作了一幅画，画面展现的是宽阔的大海上一艘带着红色风帆的船。她正确地使用颜料畅游在音乐之中。在家紧张地忙碌了一天之后，她终于可以舒服地放松一下了！

她对这次聚会的兴趣来源于对5岁儿子彼得的担心。他总是不能画出“完整的”形象，也不愿意拿起画笔。由于两年前生了场重病，彼得的发育受到了影响。

我们仔细观察彼得的两幅画。其中一幅画的是一个箱子形状的房子，由两根棍子支撑着（见图10.1）。在另一幅画上，他把自己画成长着长长手臂的“线条小人”，画上还有球和梯子。我发现，这种把头和肚子画在一起的做法是这个年龄段中整体感官的一种反映。彼得画的形象与巴赫曼公布的5岁儿童发展阶段的图示相符。

但是，爱斯特仍然认为自己的儿子在绘画方面像一个晚发育儿童。他的兴趣另有所属，他不是生活在自己的幻想世界中。他对技

图 10.1 房子

术方面的事情、与朋友的比赛和自我检测体力更感兴趣。他经常跑出去玩，喜欢爬上爬下、踢足球以及骑自行车。他的少量的画作显得贫乏无味。

第二个晚上

这个晚上我们还是从绘画练习开始。为了让每个人亲身体会儿童画是如何形成的，以及孩子们的画笔是如何自发地、不假思索地舞动，我建议她们选用自己喜欢的两种颜色，站到事先准备好的位置上，闭上眼睛，随着音乐在大幅的画纸上作画、涂鸦，让颜色飞舞，找寻自己的方式。巴赫的《咏叹调》构成了让人放松的音乐背景。灯全都关掉了，街灯隐隐约约地照进房间。所有参与者都紧闭双眼，刚开始还不确定地在画纸上摸索，感受画纸的边缘，然后开始挥舞画笔，在画纸上自由发挥。一种安静的氛围蔓延开来，连呼吸都能感受得到。

音乐停止之后，参与者可以在灯光下根据心情对画作进行完善、点缀或者就此搁笔，不做任何改动。爱斯特的目光长久地停留在她闭眼创作的涂鸦上，突然这幅画对她来说变得生动起来。一只黄色的鸟张开紫色的翅膀，还可以看出一条黄色的蛇在移动（见图 10.2）。

图 **10.2**　妈妈闭眼创作的画

爱斯特与其他小组成员一样还想继续画下去，她们显然在自己的创作中获得了很大的乐趣，这与第一个晚上的情形相同。她们想花更多的时间以这种方式来放松。没有精神压力和忙碌，回归自己，时间只为自己所用，这种感觉确实不错。

这种绘画练习除了有放松的作用之外，最主要的意义是在情感上找到理解儿童画的切入口。因为儿童作画经常显得“毫无意义”，很少符合我们的评价标准。“到底画的是什么？叉叉，圈圈，婴儿画……”

更小孩子的画作似乎在表现他们对运动和留下痕迹的简单兴趣。然而，在这些看似无意义的创作背后，却隐藏着一些出乎我们意料的东西，一些正在经历着变化、发展，并且不断更新的东西。这样，那些看似“毫无意义的东西”可能一下子变得非常重要。有时候，孩子们就是为自己的心情与心理状态在画纸上寻找一条出路，或者为阻塞在心里的东西找到一个释放的阀门。

我也希望小组成员通过这样的绘画练习重新考量自己的评价标准，以后更自觉地让她们的孩子与颜料“玩耍”，哪怕她们从画中看不出什么特殊的内容，觉得那无非是一种涂鸦。

在这个晚上，爱斯特又带来了一幅彼得的画。她问我，彼得在房子的地基上画上栅栏，是不是因为他觉得自己好像在坐牢。她觉得自己没有强迫孩子，所以她无法解释为什么彼得会选择“监狱结构”（见图 10.3）。

图 **10.3** 带栅栏的画

爱斯特说出了她的担忧：由于彼得生过病，所以她总把他当做令人担心的孩子过分呵护，而这很可能阻碍和限制了彼得对自主性的追求。她说她打算对一般性的问题“放手”，不管是放开自己的忧虑，满足孩子对独立的要求，还是放松她自己，她都要放手。可是接下来，谈话的主题又回到她对彼得发育延迟的担忧上来。我们了解到，彼得在3岁时由于生病在医院里住了好几个星期，并且随时挣扎在生死线上。出院以后，他退回到1岁妹妹的成长阶段。他必须重新学习走路和说话。为了赶上他的同龄人，在过去的两年里，他付出了巨大的努力，试图补上所有的成长阶段。因此，彼得特别喜欢不断把自己与他的朋友作比较，同样我们也可以理解爱斯特对彼得的健康状况及其发育与年龄相符状况的担心。

依据巴赫曼的图表，我们观察彼得在画中喜欢用的结构元素：“孩子为了学会站立，在绘画时似乎也需要许多能支撑他身体垂直站立的辅助工具。因此，在画作中经常会出现伴随在人物身边的形状要素，这些人物或是悬浮，或是站立在地面上。我们可以把这些形状要素称为栅栏、梯子或屋脊。这些水平或垂直的线条增强了画面的空间意识，强化了画面的结构。如同骨架支撑起身体一样，这些要素撑起了画面的内部框架。”

彼得的第一幅画中有一个梯子，他的形象直立在地面上。他的房子不再悬浮在天空与地面之间，他的植物显示了一个明确的“支点”。房子与人有了固定的外形要素（梯子和栅栏），这些要素在从前喻到比喻造型的过渡阶段中频繁出现，具有典型性。第二章阐述了儿童绘画与个性发展的关系，我们可以参考这一部分内容，画出发育阶段的一条平行线，我们叫它“练习阶段”（马勒尔）。孩子们在这个时间点之前从母亲或看护人那里获得的安全感，让他们能够带着好奇心去探究较远或较近的环境。在这个阶段，他们通过大量的练习学会直立和走路。

在绘画方面，彼得似乎在5岁的时候还要再一次去激活他在实际生活中不得不经历两次的早期发育阶段，以便将其固化在一个新的意识层面上。

第三个晚上

这次聚会以一个只许用图画“交谈”的创新型分组练习开始。参与者两人一组共同在一张A2大小的纸上作画。爱斯特和莫妮卡结成伙伴，选了水彩颜料，然后分别在各自的范围内绘画。“越界”的情况出现在另一对相识很久、毫无芥蒂的伙伴中。莫妮卡在自己的半张纸上用黄色和棕色的柔和色调画出一幅草图，上面是一个南方常见的有着棕榈树和海滩的港口。爱斯特添加上一片澎湃的蓝色的湖，湖面远处能依稀看到一艘小帆船。空中盘旋着一只鸟，温柔地展开翅膀。画的两部分在主题和色彩上都很好地搭配在一起。度假的氛围被表达出来，还有对宽广、安静、温暖、缓和以及放松的渴望。

爱斯特又带来了一幅彼得的儿童画。她显然是受到上次聚会中“盲画”的鼓舞。她把那次的经验带回家，并在她的两个孩子身上做实验。实验的结果让她很高兴：以前彼得画画完全是很不情愿的，偶尔才在大人的要求下画一幅，而且画起来也不专心；然而在“闭着眼睛随着音乐绘画”的练习中，他变得非常活跃。彼得的大幅画显得精致、生动、色彩丰富、动感十足。睁开眼睛之后，彼得在他的画纸上发现了一潭湖水，他回忆起了上次全家人一起度假的情景。他把自己和妹妹画成在水中游泳的样子，远处依稀可见帆船的桅杆。一个“天空拱门”似乎是保护这些景色的。在远处，画纸的右上角位置是太阳（见图10.4）。让爱斯特惊奇的是，彼得第一次用这么丰富的色彩进行创作，而且能持久地、高兴地作画。这种绘画形式显然给他带来特别的经历。“多棒的画”，他不停地重复着。这幅画被框起来并根据彼得的愿望放在餐厅里很显眼的位置，这样他可以每天得到全家人的称赞。

“音乐”这一媒介不仅对这个男孩，而且对他的母亲也产生了特别的效果。音乐能使绘画过程变得“动感、流畅”。

图 10.4　孩子闭眼创作的画

第四个晚上

这次聚会一开始，我们在一张黑板大小的白纸上自由发挥，体验“想象—讲述—绘画—故事”的过程。一种轻松愉快的氛围蔓延开来，置身其中，我觉得自己就像一名老师，正带着一群青春活泼的女孩出去郊游。

大家首先描述了一段美妙的音乐，一只仔细聆听的耳朵，还有秋天从树上飘下的落叶；然后园丁把落叶搜集起来作为肥料，一只毛毛虫在肥料堆里觅食，肥料被施在土壤里转化为沃土；一个班级里面有一个婴儿，后来他们的老师发现了那只毛毛虫，他们愉快地围起来跳啊唱啊，最后这只毛毛虫蜕变成一只蝴蝶飞走了。通过这样的练习，小组成员能切身体会到，儿童画的形成没有事先确定的主题，而是自发地从一种想象变换到另一种想象。

这天晚上，爱斯特又带来了一幅彼得的画。根据课堂上积累的经验，她把这幅画理解为一种重要的信息！

几天前，彼得在幼儿园里灵机一动，从一束感恩节的麦穗束中折断一枝麦穗，并用一张自己设计的纸把它包好，作为送给父亲的生日礼物。礼物包装纸上画的是一个拱形，下面站着彼得的父亲，“像太阳一样闪耀”（爱斯特说）。画纸左上角灰色的小太阳照耀着爱斯特，好像她在试图伸手碰到她的丈夫（见图10.5）。

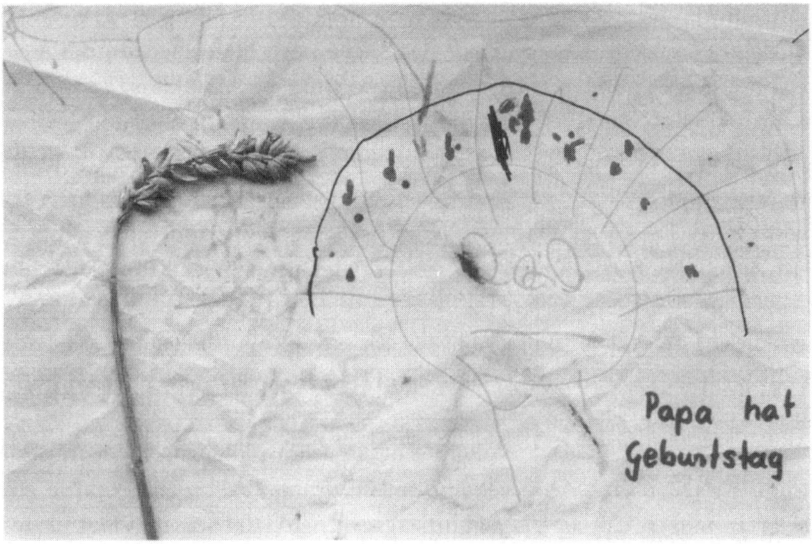

图 **10.5** 送给父亲的画[①]

爱斯特讲述了她现在的家庭情况。她的丈夫想离开父母开办的工厂自立门户。与父母闹僵之后，他带着家人离开了家乡。这样的变故使爱斯特不堪重负，并且非常没有安全感。她说，丈夫不爱出头，什么都憋在心里，在感情表达方面一直很沉闷。爱斯特最近总是感到孤独，喜欢胡思乱想，很少与丈夫交流。她显然被他的“冷漠”所伤害并对他感到失望。

现在，她从彼得的画里起支撑作用的拱门中找到了孩子传达的信息：爸爸为了自己的志向离开了父母、工厂和家乡，他需要家庭

① 图中文字意为“爸爸过生日”。

的支持和依靠。后来，爱斯特和丈夫就彼得的生日礼物——画和麦穗进行了一次深入的谈话，丈夫敞开心扉谈了他的感受。麦穗是成熟、成长、收获的象征，他们从麦穗的象征意义引出话题，谈到丈夫从父母家脱离出来，希望得到家庭的支持，就像彼得画中的拱形象征的那样。不过，孩子要表达的也有可能是他的生活经历中其他重要的事情。但不管怎样，爱斯特觉得彼得的画给夫妻关系带来了新动力，打破了面临压力的整个家庭的僵局。

儿童画作为父母与孩子之间、父母之间和家庭成员内部的交流工具，成为这次聚会接下来谈话的内容。由于妈妈们对孩子精神深处传达的信息已经具备了敏锐的感受力，她们能读懂孩子们“触角般”的敏感与儿童画中有价值的非语言信息。这一点再次在小组谈话中得到特别的关注，也给小组成员留下了深刻的印象：一个很小的图画礼物就能打破父母间的僵局。

对于最后一次聚会的形式，小组中的女士们希望我把所有的颜料和绘画底色都带来，让她们全部尝试一遍。除了对我们共同的工作进行深入反思之外，她们希望还能再画一次画。

第五个晚上

最后一次聚会，我在各个座位上分别准备了水彩、水粉、炭笔、油彩笔、意大利土质涂料、粉笔和彩笔，供参与者自由选择。为了使每位参与者都能接触到所有的材料，大约每隔五分钟，我会以敲钵为记，让她们调换座位。我敲七下，参与者就轮换一次座位，这样每个人都能参与每幅画的创作，并且最后完成的是从自己开始的那幅画。聚会结束之后，她们还能把画作为小组礼物带回去。

爱斯特选的是木质彩笔。她先在左下角画了一块土地，并在换座位前在几棵植物旁边画上一只鼠妈妈带着她的两个孩子。当她在画画活动的最后回到自己的座位时，她的那幅画已经发生了很大的变化：一个热气球在图画中间飘着，里面站着一个在挥手的旅行者；一条蜿蜒的小路把画纸沿对角线分开；画面上还被加上了小鸟、有教堂和房子的村庄，还有一片树林。在最后的反思阶段，爱斯特总结了她在聚会中的体会：“我觉得在图画中没有什么固定的框框，不去规定什么，首先考虑孩子的处境，这一点很好。在讨论的时候，每一幅画都可以被阐释，而且是一种个性化的、与孩子息息相关的阐释。只有做到了这一点，阐释才是‘富有意义’的。对于我来说，非常重要的发现是一幅图画中蕴涵着各种各样的可能性。例如，一幅黑色的画不一定就意味着可怕的东西，它可能仅仅是图画故事中的黑夜降临。还有一点也很重要，就是一种象征意义可能有许多种表现形式……刚开始我很担心彼得因为他的病发育迟缓，我的全部注意力都放在‘他的成长正常吗’这个问题上。这次课程让我明白应该‘释放’彼得。现在我让他做他想做的事情，我只想在他身边支持他……”

爱斯特再次提到彼得的麦穗画：“我没有料到，彼得不仅画他的父亲，还画了些‘寓意深刻的东西’。在我看来，他描绘了当时的情况：心理上的问题；摆脱依赖；第一次发现了自己，同时也失去很多；我丈夫需要支持。这些都是我从彼得的礼物中感受到的。麦穗象征着正在成长和成熟，拱形的支撑是他所需要的，太阳在远处而且颜色灰暗，这幅画告诉了我很多。如果没有参加这次课程，我也许能感受到麦穗的含义，但是感受不到拱形的象征意义，而这正是我丈夫现在需要的。这使我感触颇多，因为我感受到了孩子在家庭中也承受了一些压力。这段时期对于我和我丈夫来说很糟糕，我一度很绝望，但彼得的画帮我了解了丈夫的需要。因为他很少透露什么，即使他感觉很差或者需要支持，他也什么都不说。所以，看出他需要帮助，看出他需要拱形的支撑，对我来说是很重要的。这也是我在这里学到的。这幅画就像是我的丈夫在说‘我需要你们’，而在现实中他是不会这么说的。彼得替他表达了出来，也告诉了我。”

彼得的房子还让她想到：“现在我们的情况变得明朗了，我们的‘房子’需要一个稳固的支架。第一幢房子还摇摇欲坠，好像踩在高跷上，而第二幢房子已经有了一个支架!”

观察与结果

在爱斯特上课期间，由于丈夫的变化，她的家庭情况受到了影响。丈夫没有像预期的那样接手父母的工厂，而是决定摆脱对父母的依赖，自立门户。

爱斯特在第四个晚上借助彼得的“麦穗画”，把这个问题带到小组里，并讲述了有压力没有安全感的情况，更糟糕的是她与丈夫之间的情感联系中断了。她也讲述了她的孤独感和郁郁寡欢，她深陷其中，不能自拔。最初，爱斯特担心的是彼得由于重病而导致发育迟缓。这种忧虑使爱斯特很不安，也感到有压力。

在小组中，她起初通过音乐和绘画来释放、放松和激发自己，这些都通过图画中一艘海上的小帆船象征性地表现出来。她进入“流动”中，不再纠缠于不好的想法。另外，这是一幅孤独的“没有彼岸”的画，在画中看不到陆地，这是一个重要的提示。如果是在治疗过程中，我可能会问爱斯特是否看到停泊处、港口和小岛，或者问她觉得水里或天上的生活怎样。但是，这几个晚上的活动主要是咨询性的而非治疗性的，而且爱斯特表现出良好的放松状态，所以我并没有更深入地干涉她的表述。

在随着音乐闭着眼随意涂鸦之后，爱斯特把自己在涂鸦里发现的形象重新描画出来。在她的作品中有一条造型松散的蛇和一只长着一对大翅膀，还没完成的“释放的”鸟。这只鸟在向上飞的同时回头张望，鸟瞰的角度代表现在与未来的关系。这是一个很好的暗示。爱斯特本来还想继续画下去，但是时间不够了。当沉浸于绘画中的时候，她终于再次找到了那种自我舒展和解脱的感觉。通过凌乱的线条，她似乎找到了一条曲折的道路，在睁开眼睛之后，她可以循着这条路理清头绪。

这些经历使爱斯特对她的家庭重拾信心。她在第二天上午与她的两个孩子一起在“流水音乐”的伴奏下重复了绘画练习。

由于摆脱了平日里的压力，完全沉浸于绘画之中，不用在意最后的作品与年龄特点是否相符，所以彼得非常喜欢这种“色彩与音乐的游戏”。他与妹妹一起回忆上一次的旅行，他们在画画的过程中重温了在绚丽的海水中遨游，在云朵覆盖的天空下嬉戏和享受远处阳光照耀的感觉。

彼得之前的画苍白无力，他没有兴趣也没有耐心画画。然而，他突然受到了鼓舞，放松下来并得到释放。这是为什么？爱斯特在小组活动中乐于融入到绘画过程之中，与此同时她也翻开了理解彼得图画中丰富想象力的新一页。她现在能够而且也愿意从停滞的想法中释放出来，并且相信彼得有自己的成长节奏。这样能减轻彼得在情感上所背负的压力。认为彼得发育迟缓的“自以为是的猜测”失去了生存的土壤，并且在绘画的过程中得到了释放。一种充满积极想法的“关系空间”就此产生，彼得现在自由了，他可以充满想象力和创造性地自我发展，就像爱斯特画中的鸟儿一样展翅高飞。

这个被释放的空间，首先在随音乐画画的过程中存在于爱斯特的心里，然后形成于母亲和孩子之间，这样的一种空间是彼得在此之前无法得到的。[①]

爱斯特的第三幅画中再次出现了海的场景，也有小帆船和自由飞翔的鸟，但这次它们出现在新的背景下。在这次小组练习中，莫妮卡已经把她的那一部分描绘成了一个南方的港口，有棕榈树庇荫的休闲场所和供爱斯特的小船停泊的停船处。莫妮卡和爱斯特两人的画没有彼此侵占，而是构成了一个和谐互融的整体。在这幅画中，陆地只是通过爱斯特的绘画伙伴才得以出现！在第四个晚上，爱斯特在分组编故事的过程中饶有兴致地研究了成长与蜕变的过程

---

① 此处可以参考温尼考特（Winnicott）提出的“中间经验区”，它是发挥创造力的一个基本前提，并直接从那些在游戏中“迷失”的孩子们的游戏区中衍生而来。

（从毛毛虫到蝴蝶）。在这个晚上，她几乎摒弃了平时那种害羞和拘谨的态度。

在画最后一幅画时，爱斯特首先描绘了一块肥沃的土地，画面的左下角有一只带着两个孩子的鼠妈妈。所有的参与者一起为她的画构思了一个主题：释放，告别！一只吊篮气球正好飘在画面的正中，吊篮里坐着一个正在挥手的女人。“吊绳”起到了一种支撑和承担的作用。共有七个人（六个组员和我）参加了这个晚上的告别聚会。相应地，画面的右边出现了六只鸟，左边出现了一只鸟，它们一起陪伴着气球（从视觉上来看，左边和右边的鸟明显地被一条路分开）；另外在通往未来的画面右上方还出现了六间房子和一座教堂（建筑物象征家庭）（见图 10.6）。

图 10.6　释放和告别

自我释放（飞离地面的气球、挥手告别的人）以及解放了的负担意识（在篮子里）再次作为共同的经验在画纸上展现了出来，这也是小组绘画主题的一部分。图画中人的位置（在篮子里）表达了一种改变后的感受和视角。新的视角（鸟瞰）展现了与事物间的距离，让人看到了全景和远景。

最后一幅画对爱斯特来说意味着：现在虽然能看到陆地，但陆地的位置还没有确定。这也许反映了她目前的生活状况。她现在还不知道她的家庭将在何处“着陆”（丈夫的新工作岗位、地点与住所的变动、彼得的新幼儿园）。

从爱斯特在小组里的“表现”，我们可以看出一种出现在画纸上的关系：她已经可以把自己内心的顾虑当做处理的重点，她被音乐、颜料、氛围所感染，简单地说就是被小组所感染。她学会了释然、敞开心扉、倾诉，与组员互相交流经验和心得，并且将所得运用到她的家庭中进而收到成效。她通过作画给家庭带来了改变，彼得的画可以证明这一点，而且夫妻关系中曾经中断的情感交流又重新找到了连接点，他们的感情又可以相通了。

接下来我会借助图表的形式，简要总结爱斯特是如何在小组活动中积累经验和心得并发生转变的（见图 10.7）。

被释放的创造力

彼得的前三幅画显得苍白而没有生气，而后来的两幅画有了明显的改变。彼得的创造潜力在第三个晚上显现出来，他对人与人之间的问题和家庭的紧张关系的高度敏感体现在他的图画中。在经历了自己的敏感阶段之后，他的妈妈能够理解画面中被赋予象征意义的内容，并利用图画所传递的信息重新建立起与伴侣之间的交流。从这个层面上来看，这幅画可被理解为交流工具。

我们可以从这种现象中得出什么结论呢？妈妈的释放（她的忧虑、她出于恐惧而采取的控制、在画画过程中的自我）激发了孩子的创造力？

第二章提出了一个假设，即孩子在画画的过程中会在全新的意识层面上再次体验自己成长的早期阶段，并且会将这种体验表现在

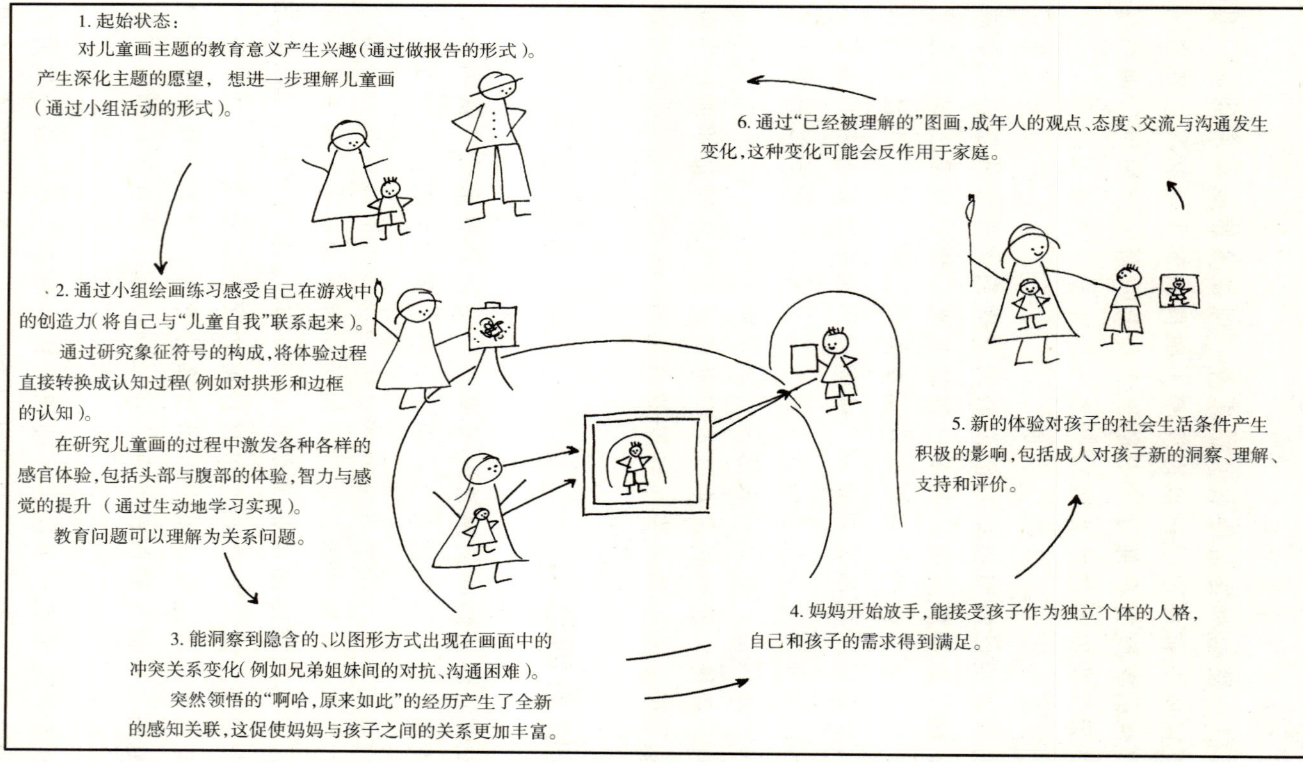

图 10.7　妈妈和幼儿园教师通过图画进行体验与认知的过程

图画中，以便为新的成长阶段打下基础。这种假设在彼得的例子中体现为有趣的关联：他的画处于从无造型阶段到有造型阶段的过渡时期。据他的妈妈说，他停留在这个阶段已有很长一段时间。自从他生病一年多以来，他的画没有什么本质上的变化，而且深受“线条画”的影响。这些线条在这段时间里也经历了发展：从悬空慢慢发展成为“着陆”的小人和花。房子被画上了高跷或者栅栏一样的底部结构。

为什么彼得偏偏会在这个绘画发展阶段停滞特别长的时间？

依据巴赫曼提出的模式（见图 2.2），我们没必要担心彼得在绘画方面“异于常人”的发育迟缓。据他的妈妈说，彼得的身体和社会发展以及心智的成熟程度都与他的年龄相符。尽管如此，爱斯特带来的前三幅儿童画还是由于色彩贫乏和形式单调引起了大家的注意。

从彼得的病史中我们得知，由于生病，他退回到了前一个发展阶段。3 岁半的时候，在住院六周之后，他必须再次学习走路和说话。曾在儿童医院做过护士的妈妈日日夜夜陪在他身边，和他一起度过了那些难熬的日子。彼得曾昏迷了十天之久，一度生命垂危。苏醒之后，他的语言与行动中枢都暂时丧失了功能。这时强烈的眼神交流和“心灵语言”成为母子交流中最重要的沟通工具，就像哺乳期的时候一样。

在这段时间里，母子之间在感情层面上产生了一种特别密切的关系。我猜测，特别敏感的感知通道在这种关系中被打开，而这些通道只有在危机时期才能被使用。

爱斯特说过，在彼得的病情持续了很长一段时间之后，她突然之间看开了，无论命运如何安排，都能欣然接受。她觉得这是一种更深刻的“释然”经历。

就在这种想法出现的半小时之后，彼得（在昏迷了十天之后第一次）睁开了眼睛。她知道，他终于挺过来了！

出院之后，彼得的发育水平几乎与他 11 个月大的妹妹一样。

借助理疗、作业疗法以及不断的练习，彼得的发育状态在两年时间里达到了与同龄人相似的水平。了解了这次不同寻常的经历，我们就能很好地理解爱斯特对彼得成长水平的担心与害怕。

于是我们明白了为什么彼得会停留在我们上面所说的绘画成长阶段，因为这场病完全中断了彼得的成长发育。他必须以破纪录的速度再次重复一个孩子从出生到5岁的成长过程，为了实现与他人的交流所进行的走路和说话的练习以及爱斯特的呵护，在这个过程中起到了特殊的作用。彼得现在似乎通过画画的形式在一个新的（潜）意识层面上再次激活了这种存在体验，他好像在试图处理和保留这种经历。只有当他的妈妈放下了自己的担忧，不再因为害怕而设法去检查他的成长是否正常时，彼得才能从这种思维定式中解放出来。他的创造力（在此之前被爱斯特的忧虑所约束）突然受到“放任自由的关注”，这种关注通过音乐的媒介、妈妈释然的态度和她关于大海的图画中色彩斑斓的画法而更加明显地体现出来。在闭着双眼，放松地随着音乐作画的过程中，爱斯特的热情被唤醒，而这种热情又进一步感染了彼得。

在这个过程中，我们首先着力解决的问题是让爱斯特从过度的呵护中“释放”出来；对于彼得来说，由于严重的病情，他不得不再次经历前一个成长阶段，而在重新经历和处理这个成长阶段的过程中所遇到的问题和冲突都体现在他的画纸上。无意识地被迫去解决的问题出现在图画的场景中。对于爱斯特来说，这是一个放手的问题，她不得不再一次与彼得建立起一种类似于共栖的关系，而且出于其母性的关怀和控制欲而坚持这种关系不放。同时，彼得也将自己停滞在某个绘画发展阶段的事实表现在他的儿童画中。通过闭着眼睛随着音乐作画，母子两人都从“坚持”中释放出来，他们的创造潜力由此被激发。

11 放下巴掌

——关系中的教育

来自一所乡村教会幼儿园的八位妈妈邀请我就教育问题进行几次家长茶话会活动。她们觉得开放的小组太过松散，希望成立一个人数固定的讨论小组，在一个彼此信任的圈子里进行比较私密的交流。在准备会上，我们把妈妈们希望讨论的题目确定下来。在这个小组里，我也将借助音乐、粉笔以及其他材料来进行小规模的创造力练习。

第八个下午我们讨论的是“父母对待不听话孩子的粗暴方式”。针对这个颇具争议的主题，我在一开始就给妈妈们布置了任务：把一张A3的纸对折，在画纸的左半部分画出最近发生的一个日常生活场景。我要求她们画出自己被气得挥起巴掌想要打孩子屁股的情形。在画画之前，我向她们声明，我相信在场的各位妈妈肯定不会把体罚当做恰当的教育手段。

最后，妈妈们画出了带有小标题的场景画，而且画里的场景都是在两天以内发生的事情。对于所有的参与者来说，讨论这样的一个主题都是全新的体验，这也意味着家庭内部的冲突解决一直沿用传统的模式：不听话的孩子逃不了皮肉之苦！

相比之下，像“兄弟姐妹间的争吵”和“孩子不听话”这样的话题（从禁令不被重视的角度）似乎更受妈妈们的欢迎。

“我的女儿不听话”

在C女士的画中，我们可以在画纸的左半部分认出她的4岁女儿凯西。凯西面朝看画者背对着母亲站着。穿着红色上衣的女孩表现得十分自我，她的面部表情好像在暗示："我知道我想要什么，不想要什么，不用告诉我！"她的母亲身着绿装，一点也不比她的女儿大，稍偏向一旁站在画面里。凯西站在篱笆和房子之间，她稍微越过了画里的一条看不见的界限（见图 11.1 左）。

图 11.1　妈妈和女儿[1]

当凯西一而再再而三地无视妈妈的"指令"之后，C 女士其实也越过了某个界限。她要求凯西必须在爸爸回家吃饭之前把餐厅里的玩具收拾好，因为她的时间有限。尽管如此，女儿还是对妈妈的话不理不睬，一边玩儿一边轻声哼唱着，像梦游一样的目光游离，不知所以地望向想象中的远方。这让妈妈失去了耐心——一巴掌落在了女儿的屁股上！在她的画中，C 女士写道："不听话！"

① 左侧文字意为"不听话"，右侧文字意为"先不管它，平静下来之后再好好谈"。

据C女士说，这样的冲突不停地重现，每一次几乎都是同样的开始，同样的结束，没什么改变。在体罚之后C女士总是良心不安。她感到无力、劳累过度、气愤和伤心，自己孩童时候相似的回忆出现在脑海——当她和她的哥哥不听话时也会挨打。

C女士的行为并不是个例，这种现象其实很普遍。只要细心观察，我们就经常可以看到，在相似的冲突情况下，虽然父母也会感到自责，但是看似轻描淡写、无伤大雅的轻轻拍打却是他们采取的普遍教育方法。尽管父母在为自己辩解的时候常常说这种办法有效而且不会伤到孩子，但是我却认为这主要是父母失利的表现。事实证明，这么做是有伤害性的，因此不适合用做教育手段。

寻求、发现和运用不同以往的行为方式，这是参与者在这次茶话会上为自己设定的目标。首先，妈妈们需要找到一个恰当的节点，以便适时地让已经根深蒂固的、有了自己的发展节奏的行为模式停下来。这就好像从一个系统中取出已经植入其中的某个模块。为了隐藏自己的弱点，妈妈们着了魔似的一次又一次地使用打屁股的方法，这样的做法已经程式化。要改变这种程式化的做法，我们需要在冲动的瞬间植入一种新的行为模式，一种不让妈妈们"失手"打屁股的模式。

可行性建议如下：

● 深呼吸三次并数到十，目的是赢得时间并通过这种方式降低冲动；

● 腹部深呼吸数次，凝神定气；

● 借助敲三角铁或小钟、小钵，作为和孩子事先商定的提醒或宣告，声音响起是妈妈生气的一种警告，表示妈妈的忍耐现在已经到极限了！

这些步骤只能暂时地排解怒气，缓和紧张的气氛。要真正改变自己的行为方式，还是需要在一种轻松的氛围中进行一次家庭会议。这样，所有的参与者都能调整情绪并且说出自己的想法。但是，如果类似的冲突和情况总是重复出现，为了寻求长期有效的解决之道，就有必要共同探寻隐藏在儿童行为背后的原因。

妈妈们在小组中一起思考是哪些原因造成了凯西的“不听话”。例如，“听力正常吗”是解释这种现象的一个合理的医学问题。

妈妈们还设想了其他的可能性：“可能孩子当时太过沉迷于她的游戏，陷入了自己的想象世界之中，所以确实什么也没有听到?”

幼儿很幸运地拥有一种天赋，他们可以特别专注于自己的世界，专注于自己所做的事，所有自己不喜欢的、干扰性的外界诱惑都可以被屏蔽。这是一种无意识的过程，与挑衅行为无关，可理解为一种自我保护机制。但是如果大人不断地打断孩子的活动、劳作和游戏的话，他们深度专注于某件事的能力会很快丧失。等他们上小学一年级时，即使只要按照平均十分钟的节奏变换注意主题，也可能会做不到，因为班上的一部分孩子在更短的时间内就会走神。造成这种情况的一个原因可能是短暂的电视画面的泛滥。

年龄更小的孩子最喜欢在妈妈的身边玩耍，他们在那里建造起自己的一片天地。他们最喜欢把自己的游戏放在家庭生活的中心，大多数在厨房或餐厅。在这里会出现他们的动物园、印第安人营地、一大群木偶或动物、农庄、积木、交通枢纽……

一种短时间的无秩序的感觉不仅让孩子得到释放，妈妈们也能借此从自觉要求整齐洁净的精神负担中解放出来。她们可能会接受这种想法：我只是一个一般称职的主妇，但也许是一个善解人意的母亲，而后者更为重要。因为秩序会随着安全感而消失，但关系却能长期保留。看似荒谬的教育原则，可能会陪伴或追随着我们，并妨碍我们的一生。

凯西也在餐厅的中间搭建了她的世界，她不想只因为自己违反了大人们所谓的“爸爸回来之前家里要井井有条”的陈词滥调而把玩具收走！

通过小组讨论，C女士也开始考虑自己女儿不听话的原因：或许收拾玩具的要求提出得不是时候。妈妈在紧张的时间里自然神经绷紧，而凯西这时基本上关闭了沟通的“通道”！她的想法不无道理，这种紧张原本就与凯西没有任何关系。从自己的画中，C女士意识到自己有个不好的习惯：当她想让女儿做什么的时候，总是跟在女儿后面喊叫。在画面中，她也站在女儿身后。据说这是她的典型做法，但可惜不是最佳的讲话方式。或许C女士可以调整一下她的时间表，比如先做完自己的工作再面对面地直接跟凯西说话。这样做还可能帮助她找到一个起点，可以和女儿一块儿收拾玩具。

当那天下午的茶话会结束时，所有的妈妈都在A3纸的右边勾画了下次出现类似困难时她们解决冲突的第一步。C女士在画纸上是这样解决问题的：

她挑选了深黄色，画面中她和女儿在桌旁坐着。C女士这次把自己画成大人的样子，凯西被画成孩子坐在妈妈膝盖上。与第一幅画不同，现在母女两人面对面，温暖地对视依偎着。一幅流露出喜爱与感情交流的画作就此产生（见图11.1右）。

C女士这样解释她的画：下次凯西不听话时她想尝试另一种举动，即先让自己平静下来，然后与凯西面对面地交谈，不会再出现在自己非常紧张的情形下跟在女儿身后叫嚷的场景。那天下午，她明白了凯西的“装聋作哑”是对母亲的压迫的反应，显然这是孩子进行自我保护的一种方式。她想试着下次与女儿不再对立，而是一起平静地互相解释。

从这点上可以看出，此类教育问题也总是关系问题。从这个层面来说，如果我们和孩子彼此坦诚，那么问题就会迎刃而解。凯西的妈妈已经朝着这个方向迈出了第一步：她尝试着把问题展现在图画中，并且留下了印记。

观察与结果

和参加此次活动的其他妈妈们一样，C女士在和女儿沟通的过程中慢慢形成了一种容易造成冲突的行为模式。这主要源于童年时期的经历，并且不自觉地反映到成年以后，在潜意识深处，童年时的经历已经作为唯一的教育模式根深蒂固。

每天在无数的家庭中上演着徒劳无益的权力斗争。挨打的孩子被贬低、受委屈，同时受到“模仿大人”的模式的影响，他们自己又会开始使用暴力。在家庭中，哥哥姐姐也会继承父母的行为方式，并且将暴力继续施加在弟弟妹妹或弱小的玩伴身上。这样就形成一个恶性循环，年幼和弱小的群体总是切身体会并学到：用“拳头”来解决冲突最简单。一个循环往复的传承就这样伴随着暴力的播种和收获形成了。

在妈妈们的小组讨论中，我们以图画为媒介建造与孩子进行沟通的桥梁，并反映出相互沟通的另一种形式。

后　记

借助本书中描述过和谈论过的儿童画，我试图在理论认识、假设推断以及主体经历之间建立一种联系。我在这里介绍的是以经验为导向的学习过程，在这样的学习中，图画在很多方面被用做媒介。

本书第一部分主要是引起对孩子绘画发展的思考，介绍孩子的创造力、想象力与冒险世界，这些都可以在儿童画中找到提示。第一部分还介绍了在创造的过程中释放出来的治疗的力量。在表现冲突的即兴画中，我们能看出孩子面对的冲突、恐惧、忧虑以及困难。通过对儿童画的认知和体验，我与妈妈们讨论孩子的图画，去改变她们对孩子的评价标准、观念认识以及行为方式。在谈话之后，妈妈们的视角发生了变化，她们变得更加敏感，感受更加宽泛。“被理解了的”儿童画又反作用于家庭中。在理解儿童画的过程中，原有的关系模式变得松动，偏见有所缓和，新的交流层面被发现，已有的能力得到加强。

虽然有这些积极的成果，但我们也要知道：不是所有的孩子都喜欢画画。有些孩子很早就尝试画画，但很快就气馁并停止。其他孩子受各自的兴趣和经历的影响，可能更喜欢角色扮演、搭积木、发明或者设计。还有一些孩子需要许多的“移动空间”，因此很少有时间去握画笔。但无论是通过他们的画，还是通过他们的行为和游戏，孩子们都在向我们展示他们的内心感受。

不是每幅画都一定包含更深的含义，不是每个象征符号都要被解码，也不是每幅画的秘密都要被参透，都要被赋予意义。儿童绘画出于对活动的乐趣，出于“表露”他们的彩色幻想世界的兴趣，也许只是因为当时没有什么更有意思的事情做，或者他们的朋友刚好也在画画。只有当一幅画引起我们的特别注意或者当一个孩子长时间表现出一种令人担忧的（绘画）行为的时候，我们才有必要试着去探究图画的内容和其中隐含的信息。

此外，很重要的一点是，要保证给孩子提供尽可能多的创造的自由空间，不要用各种问题去限制他们，要维护他们的隐私，接受孩子传递的非语言信息，并且独立地处理孩子不愿透露的秘密。

成年人可以通过自己画画的方式，对儿童画中的信息变得更加敏感。即兴的、不拘泥于外形美感的绘画活动能让妈妈们和幼儿教师们进入自己更深层次的创作之源，并使其明了化，从而唤醒自己心里深藏的那个充满创造力的孩子。

除了认知和情感投入之外，我们在理解儿童画的过程中还融入了行为导向因素，结合了主动学习。这种用于经验学习、咨询、监督以及家长辅导的工作方式被证明是卓有成效的。

在我的咨询工作中，更重要的与其说是教育问题，倒不如说是关系问题。我的目的在于改善儿童的社会化条件。之所以抱有这样的一种愿望，是因为我认识到早期孩童时期对于每个儿童的社会心理发育都起着核心的作用。儿童从 0 岁开始的最初几年，以及与他最亲近的监护人之间的关系决定了他以后的人生。在智力和精神上的发展是健康还是残缺，这样的基础在童年时期就已经定型。从预防上来说，我们期待教育学进一步加强对深度心理学与发展心理学的认知，将创新型的媒介运用到实践中，以便在孩提时代和上幼儿园的时候就能慎重地应对变得越来越严峻的儿童问题。

虽然在过去的几十年中，人们在常规治疗方法的基础上研发并推出了卓有成效的艺术与造型治疗法，但是这些成果对于咨询工作来说效果有限，在教育实践中更是几乎没有涉足。借助图画媒介与成年人进行的咨询工作在这一领域开了先河。

在过去几年里，“梦想学校”（塞茨）和绘画教室作为注重学习成绩的普通学校的补充日益兴起。以巴赫曼和埃格尔的理论为依托，这类梦想学校和绘画教室提供自由的、即兴的（表现性）绘画机会，这有助于儿童和大人发挥他们的创造力，与成人世界“学院派”的绘画方式形成了鲜明的对比。我认为这样的潮流是非常必要的，它帮助我们再次开启沉睡在我们体内的“创造力之源”。早在孩童时代，我们这种原始的创造力就通常被竞争、消费和成就概念所取代。

因此，我希望这本书也被理解为一种激励，让它激励您找到适合自己的方式，踏上自己的创造力发现之旅，同时也激励您帮助他人，伴随他人左右。

参考文献

Aissen-Crewett, Meike, *Kinderzeichnungen verstehen. Von der Kritzelphase bis zum Grundschulalter*. München 1988

Bachmann, Helen I., *Malen als Lebensspur. Die Entwicklung kreativer bildlicher Darstellung. Ein Vergleich mit den frühkindlichen Loslösungs-und Individuationsprozessen*. Stuttgart [6]1997

Baumgardt, Ursula, *Kinderzeichnungen-Spiegel der Seele. Kinder zeichnen Konflikte ihrer Familie*. Zürich[8]1996

Bettelheim, Bruno, *Liebe allein genügt nicht. Die Erziehung emotional gestörter Kinder*. Stuttgart [11]1997

Brem-Gräser, Luitgard, *Familie in Tieren. Die Familiensituation im Spiegel der Kinderzeichnung*. München[7]1995

Brochmann, Inger, *Die Geheimnisse der Kinderzeichnungen. Wie können wir sie verstehen* ? Stuttgart 1997

Büttner, Christian, Trescher, Hans G., *Chancen der Gruppe. Erfahrungen aus dem pädagogischen Alltag*. Mainz 1987

Canziani, Willy, *Die Elterngruppe. Eine Einführung für Leiter themenzentrierter Elternarbeit*. Zürich 1977

Cohn, Ruth C., *Von der Psychoanalyse zur themenzentrierten Interaktion. Von der Behandlung einzelner zu einer Pädagogik für alle*. Stuttgart[13]1997

Daucher, Hans (Hrsg.), *Kinder denken in Bildern. Die schönsten Bilder aus dem größten Malwettbewerb der Welt*. München/Zürich 1990

DiLeo, Joseph H., *Die Deutung von Kinderzeichnungen*. Karlsruhe 1992

Dornes, Martin, *Der kompetente Säugling. Die präverbale Entwicklung des Menschen*. Frankfurt a. M. 1993

Dunweg, U., Kluge, K. -J., Marhold, G., *Persönliches Wachstum von*

Eltern-Der Versuch zur Aktivierung und Förderung von Eltern behinderter und nicht-behinderter Kinder. In: Kluge, Karl J. (Hrsg.): Elternförderung und Familientherapie als angewandte Erziehungstherapie. München 1984, S. 241—430

Egger, Bettina, *Bilder verstehen. Wahrnehmung und Entwicklung der bildnerischen Sprache*. Bern/Bonn[3] 1991

Follett, M. P., *Creative Experience*. New York 1930

Franzke, Erich, *Der Mensch und sein Gestaltungserleben. Psychotherapeutische Nutzung kreativer Arbeitsweisen*. Bern 1994 (Nachdruck)

Friedrich-Barthel, Marita, Schäfer, Magdalena J., *Musik und Bewegung in der Heilpädagogik*. In: Leber, Aloys (Hrsg.): Heilpädagogik. Darmstadt 1980, S. 293—311

Furth, Gregg M., *Heilen durch Malen. Die geheimnisvolle Welt der Bilder*. Zürich[3] 1997

Grözinger, Wolfgang, *Kinder kritzeln, zeichnen, malen. Die Frühformen kindlichen Gestaltens*. München[6] 1984

Heiliger, Anita, *Elternarbeit an Institutionen, Berichte-Probleme-Perspektiven*. DJI-Forschungsbericht. München 1978

Kläger, Max, *Malen und Zeichnen*. München 1992

Kluge, Karl J. (Hrsg.), *Elternförderung und Familientherapie als angewandte Erziehungstherapie*. München 1984

Kraft, Hartmut (Hrsg.), *Psychoanalyse, Kunst und Kreativität heute: Die Entwicklung der analytischen Kunstpsychologie seit Freud*. Köln 1984

Kramer, Edith, *Kunst als Therapie mit Kindern*. München/Basel [4] 1997

Krenz, Armin, *Was Kinderzeichnungen erzählen. Kinder in ihrer Bildersprache verstehen*. Freiburg[3] 1997

Leber, Aloys, Trescher, Hans G., Weiss-Zimmer, Elise, *Krisen im Kindergarten. Psychoanalytische Beratung in pädagogischen Institutionen*. Frankfurt a. M. [3] 1990

Mahler, Margret S., Pine, Fred, Bergmann, Anni, *Die psychische Geburt des Menschen. Symbiose und Individuation*. Frankfurt a. M. [14] 1997

Manes, Sabina, *Mama ist ein Schmetterling, Papa ein Delphin. Kinderzeichnungen verstehen*. München 1998

Meili-Schneebeli, Erika, *Wenn Kinder zeichnen. Bedeutung, Entwicklung und Verlust des bildnerischen Ausdrucks*. Zürich 1993

Milner, Marion, *Ein Weg zur kreativen Befreiung: Zeichnen und Malen ohne Scheu*. Köln 1988

Rahm, Dorothea, *Gestaltberatung: Grundlagen und Praxis integrativer Beratungsarbeit*. Paderborn [5]1988

Reichelt, Stefan, *Verstehen, was Kinder malen. Sorgen und Ängste der Kinder in ihren Bildern erkennen*. Züich 1996

Reiser, Helmut, *Beziehung und Technik in der psychoanalytisch orientierten, themenzentrierten Gruppenarbeit*. In: Reiser, Helmut, Trescher, Hans G. (Hrsg.): Wer braucht Erziehung? Impulse der Psychoanalytischen Pädagogik, Mainz [3]1992

Riedel, Ingrid, *Farben. In Religion, Gesellschaft, Kunst und Psychotherapie*. Stuttgart [15]1998

Riedel, Ingrid, *Maltherapie. Eine Einführung auf der Basis der Analytischen Psychologie von C. G. Jung*. Stuttgart [2]1997

Saint-Exupéry, Antoine de, *Der kleine Prinz*. Bad Salzig [52]1998

Schad, Wolfgang, *Menschenkundliche Anmerkungen*. In: Strauss, Michaela, Von der Zeichensprache des kleinen Kindes. Spuren der Menschwerdung. Stuttgart [4]1988

Schmeer, Gisela, *Wie Kinder die Mutter verändern*. In: Eltern, 1980, Heft 5

Schmeer, Gisela, *Das Spontane Bild*. Unveröffentlichtes Manuskript. München, o. J.

Schottenloher, Gertraud, *Kunst-und Gestaltungstherapie. Eine praktische Einführung*. München [4]1995

Schottenloher, Gertraud, *Das therapeutische Potential spontanen bildnerischen Gestaltens unter besonderer Berücksichtigung körpertherapeutischer Methoden. Ein integrativer Therapieansatz*. Konstanz 1989

Schuster, Martin, *Kinderzeichnungen. Wie sie entstehen, was sie bedeuten*. Berlin 1994

Seitz, Rudolf, *Kunst in der Kniebeuge. Ästhetische Elementarerziehung. Beispiele— Anregungen—Überlegungen*. München [9]1997

Seitz, Rudolf, *Zeichnen und Malen mit Kindern. Vom Kritzelalter bis zum 8. Lebensjahr*. München [7]1995

Seitz, Rudolf, Haberlander, Trixi (Hrsg.): *Schule der Phantasie. Kinder und Künstler. Werken, Malen, Bauen, Spielen*. Ravensburg 1989

Strauss, Michaela, *Von der Zeichensprache des kleinen Kindes. Spuren der Menschwerdung*. Stuttgart [4]1988

Tomalin, Elisabeth, Schauwecker, Peter, *Interaktionelle Kunst-und Gestaltungstherapie*. Köln 1989

Winnicott, Donald W., *Kreativität und ihre Wurzeln — Das Konzept der Kreativität*. In: Kraft, Hartmut (Hrsg.), Psychoanalyse, Kunst und Kreativität heute. Die Entwicklung der analytischen Kunstpsychologie seit Freud. Köln 1984